心と体をととのえる
玄米菜食ごはん

穂高養生園
鈴木愛

世界文化社

持続可能な食事で豊かに生きる

あなたにとって
「食べること」とはどんなことですか？
「ととのえること」とはどんなことでしょうか。

これは私が担当した「ホリスティックリトリート穂高養生園」のワークショップで、参加者のみなさんへ最初に問いかけていた言葉です。穂高養生園は、人が本来持つ自然治癒力を高めることを目的とした宿泊施設で、私はそこで主に調理を担当しています。

世界的な感染症を経て、ここ数年日々料理をする中で「豊かに生きるためにどう食べるか」ということを考えるようになりました。食材が持つ働きを知り、自然の流れと調和した料理をする、その考えや手法をベースに実践することで心身ともによくなったことはたくさんありました。一方で、忙しい暮らしの中で料理をする時間を作れず、体のために食事を大事にしようとして、かえって負担になってしまうという現実に難しさを感じてもいました。食事を大事にすることと、十分に休む

ことやリラックスするような余白を持つことは、どちらも自分を大切にすること。ならば「暮らしの中にある食」と俯瞰してとらえると、解決するのではないかと思いはじめました。

そうして試行錯誤しながらたどり着いたのが、本書で紹介する「続けるための食事」で、3日分作るスープを中心とした一汁一菜のシンプルなもの。スープは4種の野菜を水と少量の塩で煮るだけで野菜の抗酸化作用を手軽にとることができ、まとめて作るので毎食の料理の負担も減ります。刻んで煮るだけのシンプルな工程なので、慣れてしまえば考えずとも勝手に手が動くようになります。そんなスープのお供は、季節野菜のおかず。これまで穂高養生園でも作ってきたもので、季節ごとの体をととのえる野菜の滋味深さを味わっていただけるように工夫を重ねました。

体と心をととのえて健やかでいるということは、潜在的なことも含めて一人一人が本来持っている能力や可能性が広がること。それが「豊かに生きる」ことにもつながるのだと思います。不調がある人は、少しでもよくなるように、元気な人はより健やかに。この本がよりあなたらしく生きるためのきっかけになれば、と願います。

鈴木愛

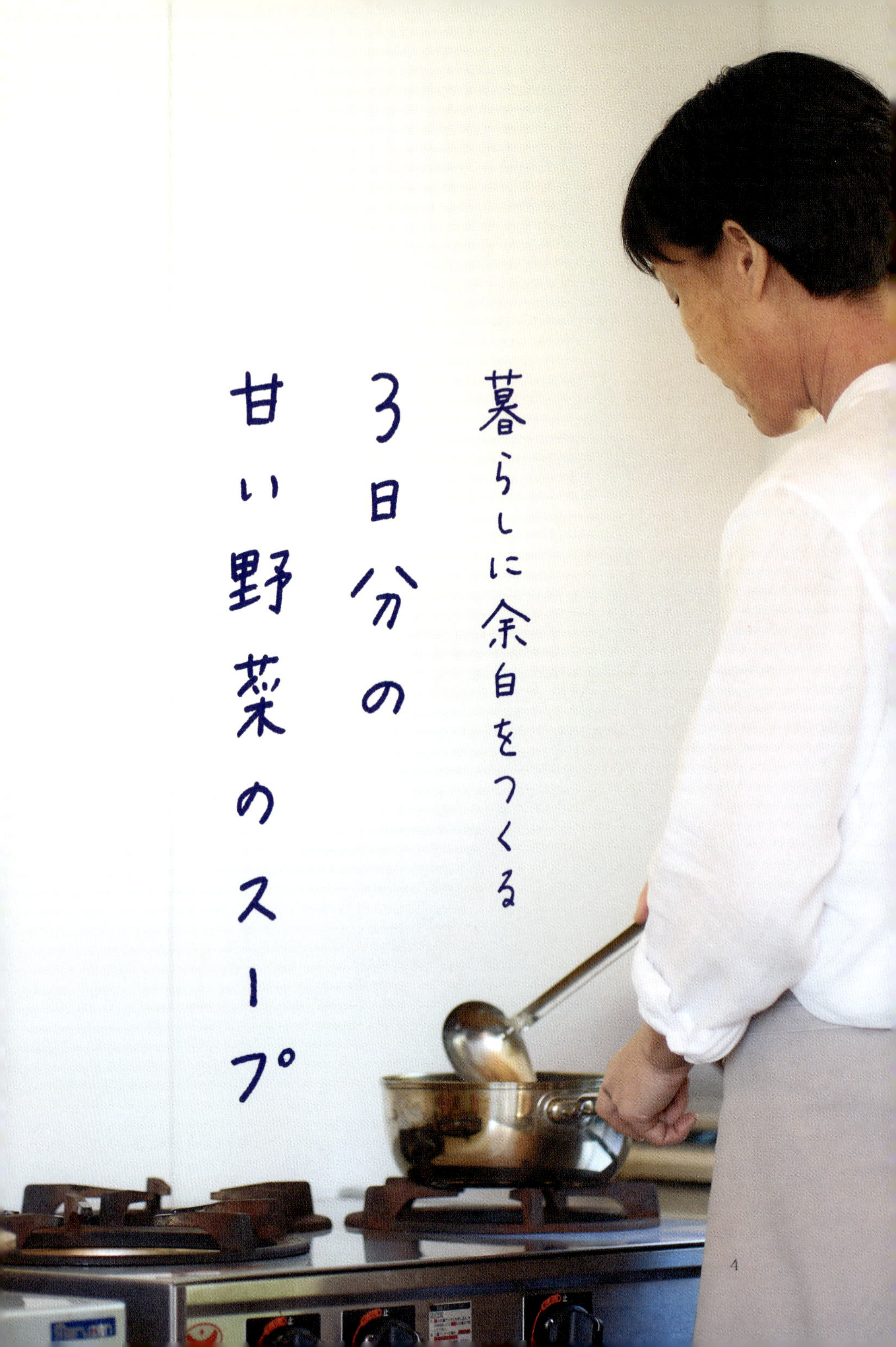

暮らしに余白をつくる
3日分の
甘い野菜のスープ

「続けるため」にたどり着いたのは、
だしを使わず４種の野菜を煮るだけの
シンプルなスープをまとめて作ること。
手間をかけなくても野菜の抗酸化作用が手軽にとれ、
体と心が満足する、そんなスープを中心に、
ご飯と季節野菜のおかずを合わせて「一汁一菜」で食べます。
ときには具だくさんのスープとご飯だけでも良いですし、
スープにご飯やパスタを入れて煮込んでもおいしいです。
疲れて食事を作ることが難しいときもあるでしょう。
そんなときは無理をしないことも大切ですし、
そんなときこそスープがあってよかったと思うことも。
朝起きたらスープがある。
家に帰るとスープがある。
そう思うと気持ちに余裕も出てくるのです。

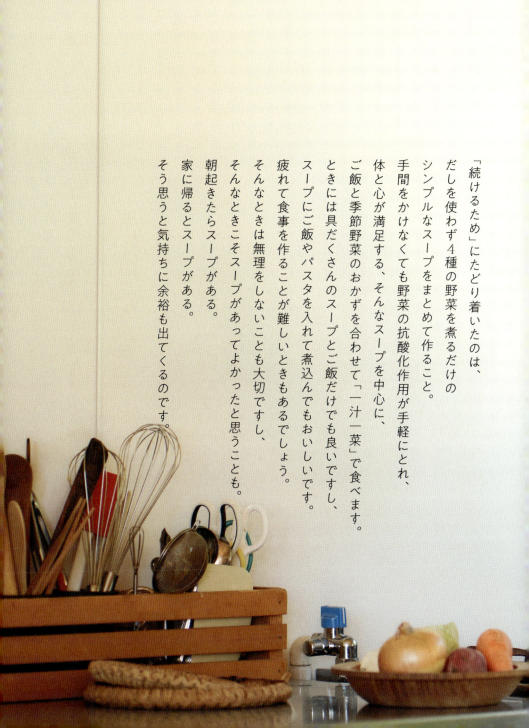

3日分の甘い野菜のスープ

材料（6食分）

キャベツ…1/8個
にんじん…小1本
さつまいも…小1本
（またはかぼちゃ1/4個）
玉ねぎ…大1個
水…1.5ℓ
塩…小さじ1/2
＊塩味は薄めなので食べるときにお好みで調整してください。

1　野菜は1cm角に切る。さつまいもは皮をむかない。

2　鍋に1のキャベツ、玉ねぎ、にんじんを順に入れ、水、塩を加えて弱めの中火にかける。

3　ふつふつと沸いてきたら1のさつまいもを加えて弱火にし、約30分煮る。

＊1食分約300mlとして1日2食分×3日、計約1.8ℓ作ります。

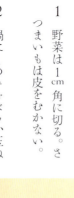

弱火は静かに沸くくらいの火加減です。

つけたしレシピ

最初からさつまいもを入れると煮くずれてしまうので、沸いてから入れます。味を変えたり、野菜をプラスしたいときは14～30ページをご覧ください。

保存は2つに分ける

保存は2つに分けると便利です。1つの容器にまとめると、食べ切るまで冷蔵庫内の場所をふさいでしまいます。私は写真の1.2ℓの保存容器2つを使っています。

甘い野菜のスープを「一汁一菜」で食べる

甘い野菜のスープは通常の一人分より少し多めです。そのスープに玄米ご飯と季節の野菜で作ったおかずを1品合わせて「一汁一菜」に。並行して2～3品作るとなると時間がかかるだけでなく、段取りが複雑になって心にも負担が。料理することで心と体が疲弊しないように、おかずは1品で十分です。

季節の野菜おかず
季節ごとの体の状態に合わせた野菜料理。おいしく食べる術やボリュームを出す工夫をご紹介しています。

玄米ご飯
命あるものを丸ごと食べる「一物全体」という考え方や、食物繊維やミネラルが豊富ということもあり、玄米をおすすめしています。

甘い野菜のスープ
そのままでもいいですし、14～30ページのように味を変えたり野菜を足したりしてお楽しみください。
＊1日目と3日目では水分量や塩分濃度が変わってきます。必ず味をみて調整してください。

玄米ご飯の炊き方

炊飯器の玄米モードで炊くほか、圧力鍋でも簡単に炊くことができます。炊飯器に比べてもちっとした炊き上がりです。

分量と炊き方（2合分）

1　ボウルに玄米とたっぷりの水を入れ、両手ですくって拝むようにやさしくこすり洗いする。水が濁らなくなるまで水を数回替えながら洗い、ざるに上げる。

2　ざるにボウルを重ね、かぶる程度の水を入れてやさしくふり洗いして水気をきる。ボウルに移してたっぷりの水を加え、ひと晩おく。

3　再びざるに上げて水気をきり、水４００〜５００mlとともに圧力鍋に入れる。中火にかけて圧力がかかったら弱火にし、約25分炊いて火を止める。そのまま圧力が抜けるまでおく。

＊水の分量は玄米の1.1〜1.4倍が目安。圧力鍋の種類によって炊き上がりが変わるため、最初は水４５０mlで炊いて様子をみて調整する。

暑い時期はひと工夫

雑穀米を混ぜる、胚芽米を選ぶ

暑い時期に玄米は重く感じて、食べにくいかもしれません。そんなときは雑穀を加えてみてください。また、玄米が苦手というかたには胚芽米を。胚芽米は炊飯器で白米と同様に炊けます。

雑穀は黒米やハトムギ、アマランサスのほか市販の雑穀ミックスを使用しても。ハトムギは水分の代謝を促し、熱を取るので夏は多めに使用し、逆に黒米は体を温めるので、冬に多く使用するのがおすすめです。玄米や胚芽米２合に対して大さじ2と$2/3$入れ、水45mlを足します。

梅酢を加える

夏の暑い時期は梅酢を入れてみてください。クエン酸は体の疲れを取り、殺菌や抗菌作用もあります。整腸にもおすすめ。水加減はふだん通りにし、２合に対して梅酢をティースプーン１杯程度加えます。

もくじ

何度もレシピを聞かれる人気おかず 42

季節と体をつなぐ旬おかず 春と夏 56

季節と体をつなぐ 旬おかず 秋と冬 98

この本のきまり

◎この本の分量と作り方は2人分が基本です。料理によっては作りやすい量でご紹介しています。
◎大さじ1は15㎖、小さじ1は5㎖です。
◎塩や醤油などの分量で、「○〜」とある場合は最低量が記されています。味をみて調整してください。
◎だし汁はすべて昆布だしです。31ページを参照してください。
◎基本の調味料は32〜33ページを参考にしてください。塩加減は目安です。必ず味をみて、おいしいと思う塩加減に仕上げてください。
◎とくにことわりがあるもの以外は、野菜は通常皮をむいて使用するものはむき、種類によっては芯や種を取り除きます。

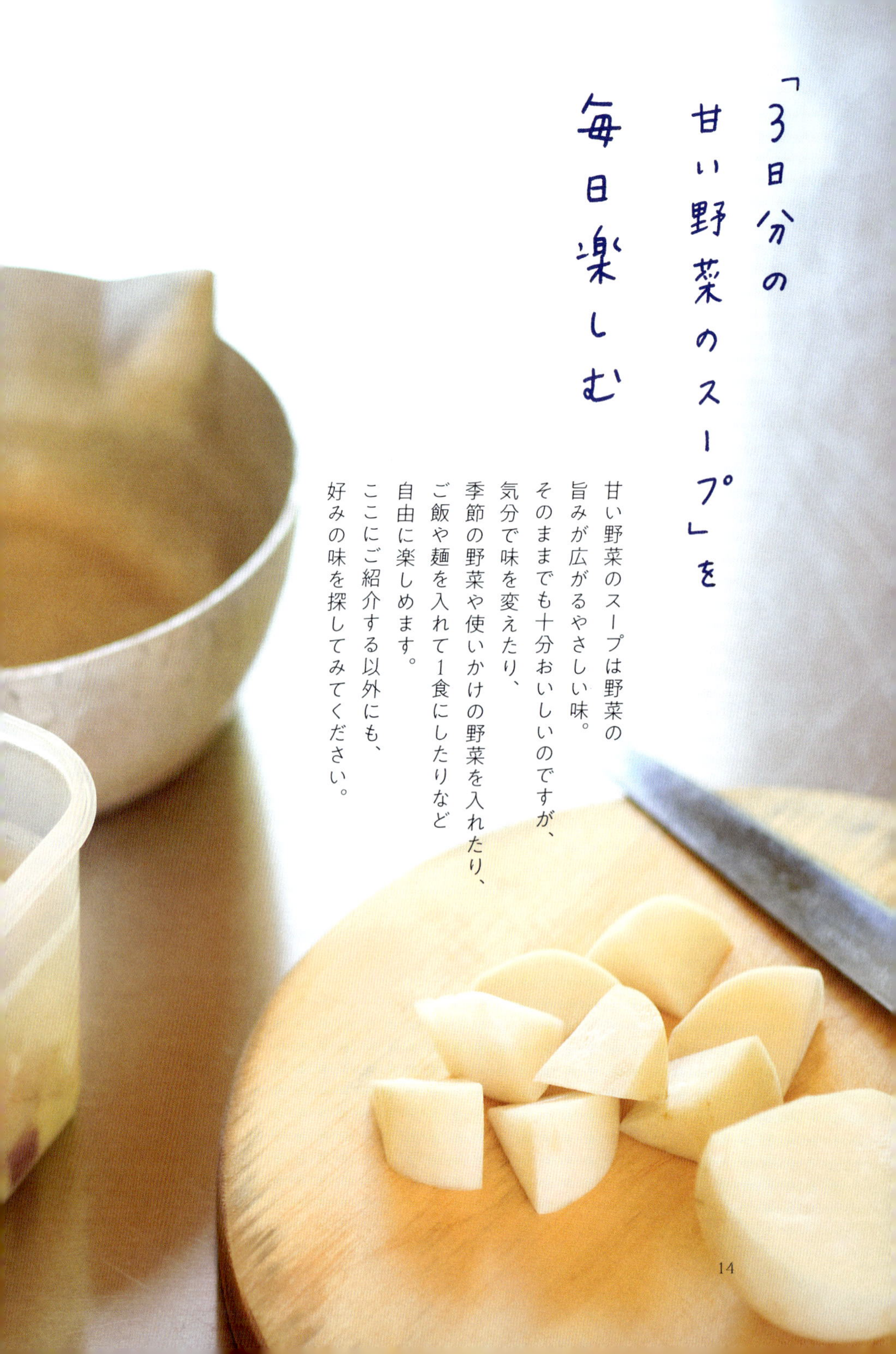

「3日分の甘い野菜のスープ」を毎日楽しむ

甘い野菜のスープは野菜の
旨みが広がるやさしい味。
そのままでも十分おいしいのですが、
気分で味を変えたり、
季節の野菜や使いかけの野菜を入れたり、
ご飯や麺を入れて1食にしたりなど
自由に楽しめます。
ここにご紹介する以外にも、
好みの味を探してみてください。

「3日分の甘い野菜のスープ」を毎日楽しむ

味を変える

甘い野菜のスープ(→p.6)さえ作っておけば、その日の気分やおかずに合わせて味を変えることも簡単です。

1

2

1 味噌

甘い野菜のスープ300mlに味噌大さじ1～を溶き入れ、器に盛って長ねぎの小口切りを添える。

2 塩麹

甘い野菜のスープ300mlに塩麹小さじ2を加え、器に盛って小ねぎの小口切りを添える。

3 味噌+酒粕

甘い野菜のスープ300mlに酒粕小さじ1、味噌大さじ1～を溶き入れ、器に盛って七味唐辛子をふる。

4 豆乳+味噌

甘い野菜のスープ250mlと豆乳100mlを温めて味噌大さじ1～を溶き入れ、器に盛って小ねぎの小口切りを添える。

5 ハーブ+オリーブ油

甘い野菜のスープ300mlにパセリのみじん切りを加え、塩で味をととのえる。器に盛ってオリーブ油をひとまわしする。

つけたしレシピ

スープを温めてから調味してください。味噌など風味が飛びやすいものは火を止めてから加えます。

6 生姜+長ねぎ+ごま油

甘い野菜のスープ300mlに長ねぎのみじん切り小さじ1、生姜のすりおろし少量を加えて塩で味をととのえる。器に盛ってごま油をひとまわし、黒こしょうをふる。

7 黒酢+醤油

甘い野菜のスープ300mlに黒酢小さじ1、醤油小さじ2〜、を加えて味をととのえる。器に盛って生姜のすりおろし少量を添える。

「3日分の甘い野菜のスープ」を
毎日楽しむ

季節の野菜をプラスする

ベースの甘い野菜のスープ（↓p.6）に、旬の野菜を加えるとまた異なるおいしさに。それぞれ16〜17ページのどんな味に変えてもおいしく食べられますが、特におすすめの〝味変え〟もご紹介します。

春と夏

かぶ

甘い野菜のスープ300mlを温め、かぶを一口大に切って加える。塩で味をととのえてかぶの葉を刻んで加え、ひと煮立ちさせる。

おすすめの味変え

1 味噌

2 塩麹

＊甘い野菜のスープは1人分300mlが目安です。野菜はお好みの量を加え、味をみて塩で調整してください。

クレソン

甘い野菜のスープ300mlを温め、クレソンは食べやすい長さに切って加え、ひと煮立ちさせる。塩で味をととのえて器に盛って黒こしょうをふる。

おすすめの味変え

5 ハーブ+オリーブ油

おすすめの味変え

5 ハーブ+オリーブ油

セロリ

甘い野菜のスープ300mlを温め、セロリは1cm厚さに切って加え、ひと煮立ちさせる。塩で味をととのえる。

「3日分の甘い野菜のスープ」を
毎日楽しむ

春と夏

トマト

甘い野菜のスープ300㎖を温め、トマトを1.5㎝角に切って加え、塩で味をととのえる。器に盛って青じそのせん切りを添える。

おすすめの味変え

5 ハーブ+オリーブ油

6 生姜+長ねぎ+ごま油

おすすめの味変え

5 ハーブ+オリーブ油

6 生姜+長ねぎ+ごま油

7 黒酢+醤油

とうもろこし

とうもろこしは粒を外し、甘い野菜のスープ300㎖とともに温める。塩で味をととのえ、器に盛って小ねぎの小口切りを添える。

なす

なすは2cm角に切って甘い野菜のスープとともに温める。火が通ったら塩で味をととのえ、器に盛って生姜のすりおろしを添える。

おすすめの味変え

1 味噌

5 ハーブ+オリーブ油

パプリカ

甘い野菜のスープを温め、パプリカは1cm角に切り、パセリのみじん切りとともに加える。塩で味をととのえる。

おすすめの味変え

5 ハーブ+オリーブ油

「3日分の甘い野菜のスープ」を毎日楽しむ 秋と冬

きのこ

好みのきのこをほぐすか食べやすく切って甘い野菜のスープとともに温め、塩で調味する。器に盛って小ねぎの小口切りを添える。

おすすめの味変え

1 味噌

3 味噌＋酒粕

7 黒酢＋醤油

春菊

甘い野菜のスープを温めて塩で味をととのえ、春菊を2cm長さに切って加え、ひと煮立ちさせる。器に盛り、白いりごまをフライパンで軽く煎って指でつぶしながらふる。

おすすめの味変え

1 味噌

6 生姜+長ねぎ+ごま油

ブロッコリー

甘い野菜のスープを温め、ブロッコリーを小さめの小房に切って加える。火が通ったら塩で味をととのえ、器に盛って黒こしょうをふる。

おすすめの味変え

5 ハーブ+オリーブ油

「3日分の甘い野菜のスープ」を毎日楽しむ

秋と冬

れんこん

甘い野菜のスープを温め、れんこんを1.5cm角に切って加える。火が通ったら塩で味をととのえ、器に盛って小ねぎの小口切りを添える。

おすすめの味変え

2 塩麹

5 ハーブ+オリーブ油

おすすめの味変え

2 塩麹

5 ハーブ+オリーブ油

カリフラワー

カリフラワーは小さな小房に分け、甘い野菜のスープとともに温める。火が通ったら塩で味をととのえ、黒こしょうをふる。

大根

大根は1cm角に切って甘い野菜のスープとともに温める。火が通ったら塩で味をととのえ、大根の葉をみじん切りにして加え、ひと煮立ちさせる。

おすすめの味変え

1 味噌

3 味噌+酒粕

白菜

白菜は1.5cm角に切って甘い野菜のスープとともに温める。火が通ったら塩で味をととのえ、器に盛って生姜のせん切りを添える。

おすすめの味変え

3 味噌+酒粕

6 生姜+長ねぎ+ごま油

ご飯や麺などをプラスする

主食を加えて食べ応えのある一品に。味を変えたり、野菜をプラスしたりお好みでどうぞ。朝ごはんにも便利です。

玄米ご飯の雑炊風

食欲のないときでもさらっと食べられる雑炊仕立てに。ご飯の柔らかさはお好みでどうぞ。

1 鍋に甘い野菜のスープと玄米ご飯を入れて弱火にかけ、ご飯が柔らかくなったら塩で味をととのえる。

2 器に盛って青さのりを添える。

材料（1人分）

甘い野菜のスープ（→p.6）…約300ml
玄米ご飯…約50g
青さのり…適量
塩…適量

もちきび入りスープ

お好みの雑穀を具材のように入れて食感も楽しみます。煮るととろみがつくもちきびは寒い時期におすすめ。

1　もちきびは目の細かいざるに入れてよく洗い、水気をきる。セロリは1cm角に切る。

2　鍋に甘い野菜のスープと1のもちきび、水大さじ1を入れて火にかける。混ぜながら温め、とろみがついたら蓋をしてごく弱火にして約15分煮る。

3　火を止めて約5分蒸らし、1のセロリを入れて温め、塩で味をととのえる。

材料（1人分）

甘い野菜のスープ（→p.6）…約300ml
もちきび*…大さじ1
セロリ…約6cm
塩…適量

*アマランサスやひえなどでも。

「3日分の甘い野菜のスープ」を
毎日楽しむ

材料（1人分）

甘い野菜のスープ（→p.6）
…300ml
ショートパスタ（乾燥）
…15〜20g
トマト…1/2個
塩…適量
オリーブ油…適量

スープパスタ

今回は、素朴な味わいが楽しめる古代小麦のショートパスタを使用。トマトを入れるとミネストローネ風に。

1 ショートパスタは袋の表示時間より1分短くゆでる。

2 トマトは1cm角に切って甘い野菜のスープとともに小鍋に入れ、弱火にかける。火が通ったら塩で味をととのえる。

3 1を加えて約1分煮る。器に盛ってオリーブ油をひとまわしかける。

雑煮風

香ばしく焼いたお餅をスープに浸しながら食べます。
下味の醤油と仕上げのごま油がおいしさを引き立てます。

材料（1人分）

甘い野菜のスープ
（→p.6）
…約300ml
切り餅…1/2個
ごま油…少量
醤油…適量
塩…適量

1　切り餅は網などでこんがりと焼き、醤油をからめる。

2　鍋に甘い野菜のスープを入れて温め、塩で味をととのえて器に盛る。1をのせてごま油を回しかける。

ポタージュにする

甘い野菜のスープをベースに、とろりとなめらかなポタージュにすることもできます。かぼちゃのほか、じゃがいも、にんじん、きのこ、ごぼう、キャベツなどお好みの野菜でどうぞ。

かぼちゃのポタージュ

かぼちゃをプラスしてぽってりなめらかに。ベースの野菜のおかげで深い味わいが楽しめます。

材料（1人分）

甘い野菜のスープ（→p.6）…200ml
かぼちゃ…70g
豆乳…50ml〜
塩…適量

1 かぼちゃは一口大に切って鍋に入れ、底から約1cmの水、塩ひとつまみを入れる。蓋をして弱火にかけ、柔らかく蒸し煮にする。

2 甘い野菜のスープを加え、ブレンダーでなめらかにする。豆乳を加えて弱火で温め、好みのとろみに調整し、塩で味をととのえる。

あっさり仕上がる「すり流し」

作り方2の豆乳を水に替える（量はお好みのとろみになるように調整する）だけ。体調が悪いときでも体に無理なくなじみます。

おいしく食べるために
お伝えしたいこと

私が心がけている料理は、野菜本来の
おいしさを生かしたシンプルなもの。
そのためには旨みを引き出し、よりおいしく
するためのちょっとした工夫があります。
少しだけ気に留めて
料理していただけるとうれしいです。

お伝えしたいこと①

だし汁は「沸かした湯に昆布をポン！」
あとは冷ますだけ

昆布だしの取り方はいくつかありますが、
いちばん簡単な方法をお伝えします。鍋に湯を沸かして
火を止め、昆布を入れてそのまま冷ますだけ。
こうするとぬめりも出ず、
すっきりとした上品な味わいのだしが取れます。
＊水1ℓに対して昆布10cm（約8g）が目安です。

沸いたら火を止めて
昆布をポン！

そのまま
冷ますだけ

お伝えしたいこと②

よく使う調味料

本書でよく登場する調味料をご紹介します。メーカーや商品はこちらに限りませんが、昔ながらの製法で作られたものを選んでいます。そうすると少しずつ本来のおいしさがわかるようになり、自然ではないものに違和感を覚えます。

塩

ミネラルの豊富な自然塩を。天日干しの天日塩、低温製法でじっくり火を入れた自然海塩がおすすめです。

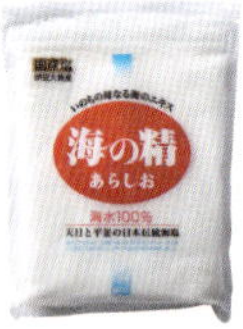

あらしお
海の精株式会社

醤油

1年以上寝かせて熟成させ、自然発酵させたふくよかなコクのあるものを。食材の持つ旨みや塩分の加減で、濃口と淡口を使い分けます。

濃口醤油

茜醤油
オーサワジャパン株式会社

淡口醤油

紫大尽
大久保醸造店

味噌

大豆、塩、麹を原料とし、自然発酵させたものを。麹は米でも麦でもお好みのものをお使いください。料理や季節によって使い分けています。

有機玄米味噌
海の精株式会社

白みそ
マルクラ純正食品

みりん

米、米麹を原料にして、もろみを醸造・熟成しているため加熱しても風味が抜けにくい。

味の母
味の一醸造株式会社

油

酸化しにくいごま油やオリーブ油を。ごま油は煎らずに搾った香りの弱い太白ごま油と、焙煎した香ばしいごま油を使い分けています。

京都山田のごま油
株式会社 山田製油

煎らずに搾った 胡麻油
ムソー株式会社

れなり マイルド
株式会社貊村

米あめ

砂糖やみりんのように甘みづけに使います。甘みが穏やかで穀類ならではのコクもあります。

もち米あめ
オーサワジャパン株式会社

本葛

片栗粉と同じようなとろみづけに。整腸作用や体を温める性質があります。じゃがいもやさつまいもでんぷんが混ざっていない100%本葛粉を。

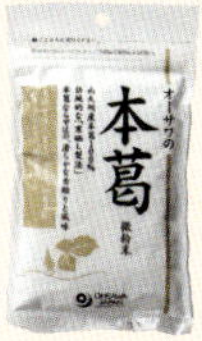

オーサワの本葛（微粉末）
オーサワジャパン株式会社

黒酢

酸味だけでなく、コクを出したいときは風味豊かな黒酢を。じっくり熟成させた深みのあるものがおすすめ。

ショウブン 有機玄米くろ酢
オーサワジャパン株式会社

梅酢

下味つけやたれ、ドレッシングなどに使います。酸味と塩分が一度にプラスできて便利。暑い時期にご飯を炊くときにひとさじ入れても。

紅玉梅酢
海の精株式会社

酒粕

少量加えると風味豊かになるだけでなく、体も温まり、整腸作用も期待できます。醸造アルコール無添加のものがおすすめ。私は地元の酒蔵のものを使っています。

豆乳

クリーミーに仕上げたいときに。スープや麺のつゆに加えてコクを出します。成分無調整のものを選びましょう。

有機豆乳無調整
マルサンアイ株式会社

簡単！ 使える！ 手作り塩麹

旨みや深みのある味に仕上げる万能調味料です。もちろん市販のものでも構いません。

作り方（作りやすい量）

1 保存容器を熱湯消毒する。

2 米麹（乾燥）200gをほぐして塩70gとともに1に入れてよく混ぜ、水をひたるほど加える。

3 ふきんをかける（ラップをして竹串で穴を数個開けてもよい）。

4 一日一回、熱湯消毒したスプーンで混ぜ、表面が乾いたら水を足し、7〜10日間おく。完成したら密閉して冷蔵保存する。

お伝えしたいこと③

旨みの引き出し方

難しい工程ではなくとも、ちょっと面倒で省略してしまうことがあるかもしれません。でもここだけは押さえておいてほしいポイントを整理します。

「重ね蒸し」の重ね順を覚える

材料を重ねて蒸し煮をする場合は、重ね順に決まりがあります。底を陰として徐々に陽の食材を重ねます。ざっくりというと、植物が育つ状況の逆をイメージし、地下に育つ野菜ほど上に配します。そうすると鍋の中で野菜の旨みが溶け合い、おいしさを引き出せます。

ざるに上げて冷ます「丘上げ」

おひたしや和え物のために葉ものなどをゆでたあと、冷水に浸して色止めする手法がありますが、ざるに上げたあとうちわなどであおいで冷ますことを「丘上げ」といい、旨みの流出を防ぎます。

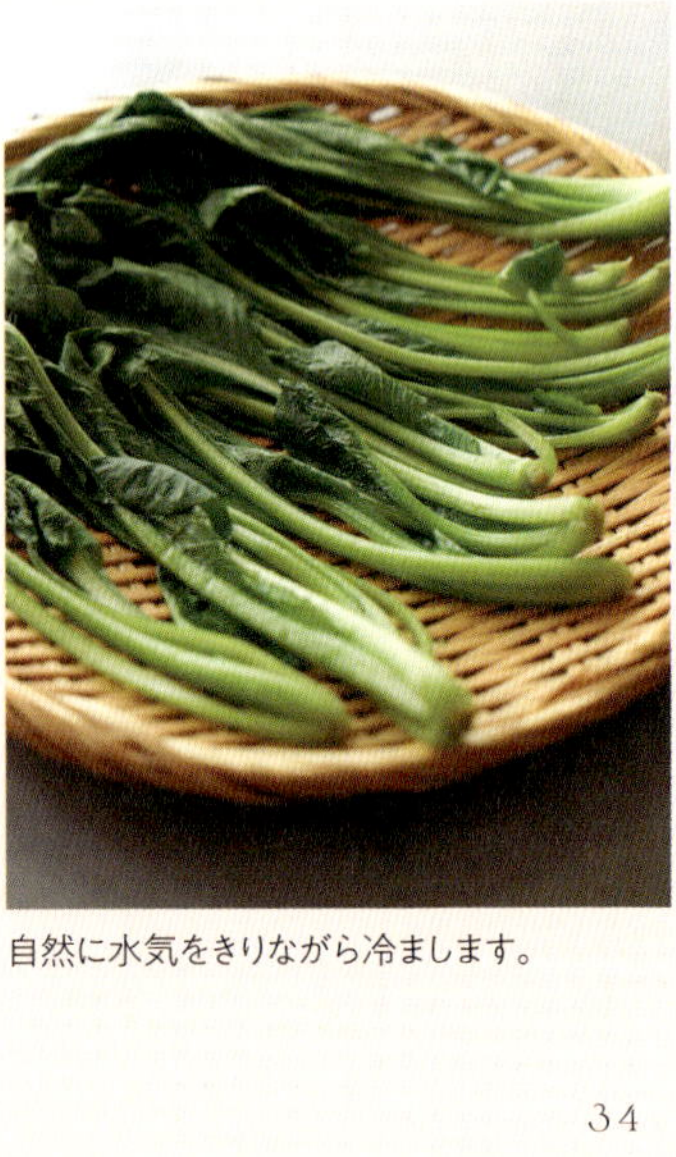

自然に水気をきりながら冷まします。

水っぽい仕上がりを防ぐ「醤油絞り」

ほうれん草や小松菜などの葉もの野菜をゆでて和え物やサラダにするときに、そのまま絞ると水っぽくなりがちですが、数滴醤油をたらして軽く絞ることで、みずみずしさや旨みを失わず下味もつきます。

葉ものは束にして根元から数滴たらし、軽く絞ります。

「一物全体」を踏まえた切り方

「一物全体」とは生命あるものを丸ごと食べるという考え方。捨てるところを極力減らし、切るときもできるだけ偏らずに1片に上中下を含めるように切ります。

斜めに切って位置を分散させる

にんじんは上下を分断することなく、斜めにカットして1切れに上下を含ませます。

芯に細かく切り目を入れて均一に切る

玉ねぎは芯に細かく包丁を入れ、放射状に切ることで部位が均一になります。

石づきギリギリまで食べられる

えのきたけは根元ギリギリに切り落とし、残りは食べられます。根元は菜箸やフォークでさきます。

「小さなすり鉢」が便利

ごまなどはその都度すり鉢ですると香りがよく、ぐっとおいしさが増します。とはいえ大きなすり鉢は扱いに手間がかかるので、私は小さな焼き締めの器をすり鉢にしています。そのまま器にして使うこともあります。

島 るり子さんの焼き締め小鉢

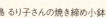

お伝えしたいこと 4-1

味に変化をつける「和洋中の違い」

野菜の自然なおいしさを引き出して楽しみたいので、中国風や洋風にしたいときも特別な調味料をほとんど使いません。それでも少し食材や油を工夫すると風味がついて、和風とは異なるおいしさが生まれます。

中国風

長ねぎ、にんにく、生姜を刻んで加えるだけで、風味豊かに。油で炒めて香りを出すことで、中国料理らしい味に仕上がります。ごま油を使うとより風味が増します。

洋風

オリーブ油と乾燥ハーブでおだやかな香りが楽しめます。私は手軽に5種（ディル、バジル、フェンネル、タイム、オレガノ）のハーブミックスを使っていますが、手に入りやすいもので十分です。

お伝えしたいこと 4-2

味に変化をつける「アクセントをつける」

いつもの素材に少し加えるだけで、ぐっと印象的な味に仕上がる食材をご紹介します。おなじみの味も、使い方次第で新鮮なおいしさに。素材の味を引き立て、アクセントをつけてくれます。

麻の実

ナッツのようなコクがあり、和え物やサラダに加えると味に深みが出ます。ヘンプシードの名でも出回ります。

えごま

えごまの種です。独特なクセのある旨みと香ばしさがあり、から煎りしてすると香り豊かに。ごまのように使います。

山椒

定番の使い方以外にも風味づけにおすすめです。炒め物の最後にふると香りがよく、いつもと異なるおいしさに。

赤じそのふりかけ

いわゆるゆかり®です。ご飯にかけるだけでなく、野菜を和えると塩味、ほのかな酸味、梅の風味が一度にプラスできます。

お伝えしたいこと④❸

味に変化をつける「手作り食品」

味つけに、具材にも便利な手作り食品です。手間がかからないので、作り置きとしてたっぷり作るというよりも、使うたびに必要な量を作っても。使い勝手がいいので余っても何かと重宝します。

ひじき炒め

少量の水でもどして炒め、少し濃いめの醤油味をつけたひじきは、白和えや炒め物、サラダの味つけなどに使えます。ご飯にも合うので混ぜておにぎりにしても（↓p.145）。じゃこやナッツのような使い方をイメージして、トッピングにするのもおすすめ。

材料（作りやすい量）

芽ひじき（乾燥）*…20g
醤油…大さじ1
オリーブ油…大さじ1
*洗って水でもどし、水気をきる。

作り方

1 フライパンにオリーブ油を熱し、芽ひじきを中火で炒める。
2 油が回ったら醤油を加えて炒め合わせる。

*冷蔵で3〜4日間持ちます。

本書で使用した料理
かぶのソテー ひじき和え（→p.68）
菜の花とひきじのサラダ仕立て（→p.76）
れんこんとひじきのサラダ くるみドレッシング（→p.110）

なめたけ

旨みの豊富なえのきたけでおなじみのなめたけを手作りします。えのきたけさえあれば簡単に作れるので、多めに作ってご飯のお供や和え衣、コロッケなどの具材、冷や奴などの薬味にしても美味。きのこ特有のねばりでからみやすいのが特徴です。

材料（作りやすい量）

えのきたけ…1袋
塩（または醤油）…大さじ$1/2$

作り方

1 えのきたけは石づきを切り落とし、根元を箸でさいて約1cm長さに切る。

2 鍋に1と水大さじ1、塩を入れて蓋をし、弱火にかけしんなりするまで蒸し煮する。

＊冷蔵で3〜4日間持ちます。

本書で使用した料理
スナップえんどうのえごま和え（→p.69）
青菜とれんこんのなめたけ和え（→p.122）

豆乳のマヨネーズ風

本書では1か所にしか使用していませんが、マヨネーズ代わりに何にでも使えます。豆乳ヨーグルトを水切りしてコクを出しているので、満足感がありつつもさっぱりとした後味です。マヨネーズよりも簡単に作れ、卵アレルギーのあるかたでも安心です。

材料（作りやすい量）

豆乳ヨーグルト…200g
ごま油（太白）…大さじ1
塩麹…大さじ$1/2$〜
米酢…大さじ$1/2$
てんさい糖…ふたつまみ

作り方

1 豆乳ヨーグルトはざるに上げてひと晩水切りする。

2 ボウルに1と残りの材料を入れてよく混ぜる。

＊冷蔵で3〜4日間持ちます。

本書で使用した料理
ごぼうとかぼちゃの豆乳マヨ和え（→p.104）

お伝えしたいこと ⑤

ボリュームを出す

動物性の食品を使わないと、物足りなく感じることもあります。そんなときにおすすめの食品がこちら。単にボリュームを出すだけでなく、肉の代替品としても使えます。そぼろ風にするときは高野豆腐と大豆ミートの両方を使うと、弾力の違いからひき肉のような食感が生まれ、満足度が上がります。

大豆ミート

文字通り肉のような大豆食品のこと。ソイミートとも呼ばれ、ベジタリアンやヴィーガンにはおなじみです。かたまりと刻んだミンチタイプがあり、料理によって使い分けを。かたまりをそのまま使う場合、臭みが気になるときは水でもどしてから2〜3回水で洗うと和らぎます。

本書で使用した料理

なすのそぼろ炒め(→p.82)

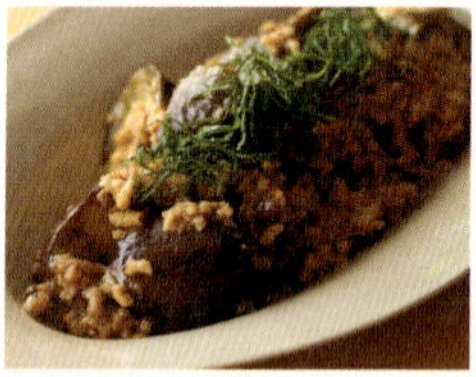

大豆ミートのから揚げ トマトだれ(→p.89)

ピーマンと大豆ミートのドライカレー風(→p.84)

里いものそぼろあん(→p.100)

高野豆腐

豆腐を凍結・低温熟成させてから乾燥させたもの。菜食ごはんとしては貴重なたんぱく源です。細かく刻んでひき肉のような使い方もできます。シンプルな含め煮としても重宝するので、買い置きしておくと便利。小さなサイズもあるのでお好みでどうぞ。

本書で使用した料理

高野豆腐の炊き合わせ(→p.46)

なすのそぼろ炒め(→p.82)

ピーマンと大豆ミートのドライカレー風(→p.84)

車麩

味噌汁の具としてよく使われる麩。小麦グルテンなどを原料にした栄養価の高い食品です。さまざまな形状があり、車麩は棒に生地を巻き付けて焼き、乾燥させたもの。商品によって異なりますが、比較的もっちり弾力があるものが多く食べ応えがあり、こっくりとした味つけによく合います。

本書で使用した料理

カリフラワーの南蛮漬け(→p.124)

何度もレシピを聞かれる
人気おかず

養生園や食事会で供するたびに、
「どうやって作るの？」「家でも作れますか？」と
よく聞かれるおかずをご紹介します。
滋味深くじんわりおいしい煮物や、
季節によって具材を替えて楽しめる和え物など、
ぜひレパートリーに加えて
楽しんでいただけるとうれしいです。

何度もレシピを聞かれる
人気おかず

袋煮

さまざまな味が口いっぱいに広がり幸せな気分に。甘い野菜を入れるのがポイントです。

準備　油揚げは2等分して袋を開き、約3分ゆでて油抜きをする。かんぴょうは洗って塩少量でもみ、流水で洗う。

とろりと柔らかいお餅に、旨みの素となる玉ねぎやえのきたけがからみます。かぼちゃの甘さにほっとします。

材料（2人分）

油揚げ…2枚
かんぴょう（約15cm長さのもの）…4本
詰めるもの
　玄米餅*…1個
　玉ねぎ…約70g
　えのきたけ…約60g
　かぼちゃ…約40g
　生姜（薄切り）…3枚
だし汁…300ml
塩…適量
醤油…適量
みりん…小さじ2

*市販の切り餅と同じ大きさのもの。養生園ではもちきびを使用。洗って生のまま詰める。

1　玄米餅は4等分にし、玉ねぎは3mm厚さに切る。えのきたけは石づきを切り落とし、根元をさいて長さを3等分にする。かぼちゃは一口大（4切れ）に切って柔らかく蒸す。

*かぼちゃは蒸すと甘みが増すが、ゆでてもいい。

2　鍋に1のえのきたけ、玉ねぎ、生姜を重ね入れ、塩ひとつまみと水少量を加えて蓋をし、弱火にかける。しんなりして甘い香りが立ったら醤油をひとまわし加え、ひと煮立ちさせて冷ます。

3　油揚げに1の玄米餅1切れ、2を1／4量の順に入れ、かぼちゃ1切れを指で軽くつぶして入れる。かんぴょうで口を縛り、同様に残り3つも詰める。

4　鍋にだし汁、みりんを入れて中火にかけ、煮立ったら3を入れて落とし蓋をし、弱火にして約15分煮る。醤油大さじ1と1／2を加えて約5分煮る。

⊙つけたしレシピ

油揚げは油抜きをする前に切ったほうが開きやすいです。またかんぴょうは塩で軽くもむとアクが抜けます。

何度もレシピを聞かれる
人気おかず

高野豆腐の炊き合わせ

炊き合わせは少し手間がかかりますが、繊細なおいしさで心も体も満足します。

材料（2人分）

高野豆腐…2枚
にんじん…1/3本
かぼちゃ…90g
スナップえんどう…4本
A だし汁…600ml
みりん…大さじ2と1/3
生姜(薄切り)…5枚
淡口醤油…大さじ2
塩…小さじ1/3

準備 高野豆腐は水でもどしてよく洗う。

1 高野豆腐とかぼちゃは一口大に、にんじんは乱切りにする。スナップえんどうは筋を取って色よくゆでる。

2 1のかぼちゃは竹串がすっと入るまで蒸す。

3 鍋にAを入れて中火にかけ、煮立ったら1の高野豆腐とにんじんを入れ、落とし蓋をして約15分弱火で煮る。

4 2を加えてひと煮立ちさせ、火を止めて味を含ませる。器に盛って1のスナップえんどうを添える。

つけたしレシピ

かぼちゃの甘みが弱い場合は3の煮汁にてんさい糖適量を加えてください。

根菜の煮物

砂糖などの甘みを加えず、野菜から存分に甘みを引き出しました。隠し味の味噌で風味豊かに。

材料（2人分）

玉ねぎ…1個
ごぼう…100g
にんじん…60g
れんこん…80g
こんにゃく…1/2枚
干ししいたけ…4枚
絹さや…3〜4枚
醤油…少量
塩…ひとつまみ
A 醤油…大さじ1〜
　味噌…大さじ1/2
ごま油…大さじ1

準備　こんにゃくは塩少量でもみ、5分ほどゆでる。干ししいたけは水でもどす。

1　玉ねぎは1cm厚さに切り、ごぼう、にんじん、れんこんは一口大の乱切りにする。干ししいたけは2〜4等分にする。絹さやは筋を取って色よくゆで、斜め2等分にする。こんにゃくは一口大にちぎり、鍋でから煎りして水分を飛ばす。

2　鍋にごま油を熱し、1の玉ねぎ、塩を入れて中火で炒める。甘い香りが立ったら端に寄せ、ごぼうを加えて炒める。油が回ったらにんじん、れんこん、こんにゃくを加えて炒め合わせる。

3　具材を端に寄せ、1のしいたけを加えて軽く炒め、しいたけに醤油を回しかける。干ししいたけのもどし汁に水を加えて130mlにして加える。落とし蓋をし、煮汁が対流する火加減で煮る。

4　ごぼうが柔らかく煮えたら、Aを加えて味がなじむまで数分煮て、火を止めて味を含ませる。器に盛って、1の絹さやを散らす。

がんもどき

外はカリッ、中がふわふわの人気の一品。季節によって具材を替えたり、だし汁で食べたりなど変化をつけて。

春夏は青さのりで磯の香り豊かに。

秋冬は蒸し煮にした野菜で甘みを増して。

共通の準備　豆腐を10分ほどゆでる。ざるにペーパータオルを敷き、豆腐を上げて重石をし、水切りをする。

1　具の準備

春夏　エリンギは長さを3〜4等分して細切りにする。

秋冬　干ししいたけは水に浸してもどし、薄切りにする。にんじんは2cm長さのせん切りにする。小鍋にしいたけ、しいたけのもどし汁、芽ひじき、にんじんを重ね入れて塩ひとつまみを加え、中火にかける。ふつふつと沸いたら醤油小さじ1／2を加えてにんじんが柔らかくなるまで煮る。

2　豆腐をする

すり鉢で豆腐をなめらかにすり、長いもを加えてなじむまでよくすり合わせる。

3　具材を混ぜる

春夏　塩小さじ1／2、醤油小さじ1／4を加えてよく混ぜ、1のエリンギと青さのりを加えて混ぜる。

秋冬　1の具材の水分をきって加え混ぜる。塩、醤油で味をととのえる。

4　丸めて揚げる

揚げ油を中温に熱する。各8等分して丸め、片栗粉を薄くはたき、ふっくらふくらんで、表面がカリッとするまでじっくり揚げる。

5　仕上げる

春夏　器に盛って大根おろしと梅酢を添える。

秋冬　鍋にだし汁、塩ふたつまみ、醤油小さじ1／2を入れて火にかけ、ひと煮立ちさせる。器にがんもどきを盛ってだしつゆを張り、大根おろしを添える。

おいしさのひみつ

油に入れたときにジュワーッという程度の中温で、じっくり揚げます。そうすると中までしっかり火が入ってふわっと仕上がります。

材料（各8個分）

春夏

豆腐（木綿）…1丁（450g）

長いも（すりおろし）
…大さじ2〜3

エリンギ…1本

青さのり…10g

梅酢…適量

秋冬

豆腐（木綿）…1丁（450g）

長いも（すりおろし）
…大さじ2〜3

にんじん…40g

干ししいたけ…4枚

芽ひじき（乾燥を水少量でもどす）
…大さじ3

だし汁…90ml

共通

塩、醤油、片栗粉、
揚げ油、大根おろし
…各適量

コロッケ3種

梅、レモン、セロリといったさっぱりとした具材で、驚くほど軽やかな仕上がりです。

材料（6個分）

基本のコロッケ
じゃがいも…350g
玉ねぎ…100g
エリンギ…1本分
にんにく…小さじ1/2
塩…小さじ1/3〜
薄力粉…30g
パン粉…各適量
オリーブ油…少量
揚げ油…適量
ルッコラなど…適量

梅コロッケ

準備　梅干しは種を取って包丁でたたく。

材料（6個分）

梅干し…1個
赤じそのふりかけ(ゆかり)…小さじ1/3

1　じゃがいもは皮ごと蒸す。玉ねぎ、エリンギ、にんにくはみじん切りにする。

2　フライパンにオリーブ油、1のにんにくを入れて火にかけ、香りが立ったら玉ねぎ、エリンギ、塩を加えて水分が飛ぶまで炒める。

3　1のじゃがいもの皮をむいてボウルに入れ、粗くつぶし、2を加えて混ぜる。準備した好みの具材を加えて混ぜて成形する。

4　ボウルに薄力粉、水大さじ3を入れて混ぜる。揚げ油を中温に熱する。3に水で溶いた薄力粉、パン粉を順につけて揚げる。ときどき転がしながらこんがり色づいたら油をきる。器にルッコラなどとともに盛る。

レモンコロッケ

準備　レモンの皮はせん切りにする。

材料（6個分）

レモンの皮…1/2個分
黒こしょう…適量

セロリコロッケ

準備　セロリは筋を取って1cm角に切り、軽く塩でもんで余分な水分をペーパータオルで拭く。

材料（6個分）

セロリ…1/3本
黒こしょう…適量

つけたしレシピ

揚げるときに油から飛び出している部分は破裂しやすいので、こまめに転がしましょう。グルテンを避けているかたは、薄力粉の代わりに米粉に、片栗粉を半量ずつに、パン粉は米のパン粉を使ってください。

何度もレシピを聞かれる
人気おかず

キャロットラペ

定番のラペは季節の野菜やスパイスで、味に変化をつけて楽しみます。

共通の材料（作りやすい量）

にんじん…200g
塩…小さじ1/2

春――柑橘をプラス

材料（作りやすい量）

共通の材料…全量
柑橘（甘夏や八朔など）…1個
てんさい糖…ひとつまみ
オリーブ油…大さじ1
塩…適量

1 柑橘は薄皮をむく。共通の材料を準備し、柑橘、てんさい糖を加えて混ぜ、冷蔵庫でひと晩おく。

2 塩で味をととのえ、オリーブ油を混ぜて全体に和える。

夏――スパイスをプラス

材料（作りやすい量）

共通の材料…全量
クミンシード…小さじ2
オリーブ油…大さじ1と1/2
塩…適量
A 生姜の絞り汁…小さじ1と1/2
　レモン汁…1/8個分

1 小鍋にオリーブ油とクミンシードを入れて弱火にかける。パチパチと音がして香りが立ったら火を止める。

2 共通の材料を準備し、1とAを加えて混ぜ、約1時間おいてなじませ、塩で味をととのえる。

準備　にんじんはせん切りにしてボウルに入れ、塩を加えて軽く混ぜてしばらくおく。水分は絞らず、ざるに上げておく。

食感を生かすため、水分は絞らず出た分を捨てる程度にします。

秋――きのこをプラス

材料（作りやすい量）

共通の材料…全量
しめじ…100g
A 粒マスタード…小さじ1と1/2
　米酢…小さじ1と1/2
塩…適量
オリーブ油…大さじ2/3

1　しめじは石づきを切り落として小房に分ける。
2　フライパンにオリーブ油を入れて中火にかけて熱し、1を焼いて塩少量をふる。
3　共通の材料を準備し、2とAを加えて混ぜ、約1時間おいてなじませ、塩で味をととのえる。

冬――柿をプラス

材料（作りやすい量）

共通の材料…全量
柿*…1個
米酢…小さじ1
塩…適量
*干し柿でも可。その場合はオーブンで焼かずに使用する。

1　柿は皮をむいて縦2等分にし、3mm厚さに切る。
2　オーブンを100度に予熱し、1を約1時間焼いて半生程度に乾かす。
3　共通の材料を準備し、2を5mm幅に切って米酢とともに加え、混ぜてひと晩おき、塩で味をととのえる。

何度もレシピを聞かれる人気おかず

切り干し大根の和え物

切り干し大根はりんごジュースでもどしながら下味をつけ、旬の野菜と和えて楽しみます。

共通の材料（作りやすい量）

切り干し大根（乾燥）…30g
りんごジュース（ストレート）…100ml
醤油…小さじ1

春――キャベツと油揚げをプラス

材料（作りやすい量）

共通の材料…全量
キャベツ…2枚
油揚げ…1/2枚
紫玉ねぎ…1/4個
A 生姜（薄切り）…2枚
　醤油…小さじ1

1 油揚げは湯通しをして細切りにする。キャベツは蒸して葉は繊維を断つようにせん切りに、芯は斜め薄切りにする。紫玉ねぎは薄切りにし、バットに広げる。

2 鍋に1の油揚げ、A、水100mlを入れて中火にかけ、水分を飛ばすように煮つめる。

3 共通の材料を準備し、残りの1、2を加えて混ぜてなじませる。

夏――きゅうりと新生姜をプラス

材料（作りやすい量）

共通の材料…全量
きゅうり…1/2本
新生姜…適量
油揚げ…1/2枚
A 米酢…小さじ1/2
　醤油…小さじ1/2～

1 きゅうりは斜め薄切りにしてせん切りに、新生姜は極細いせん切りにする。

2 油揚げは網で両面を焼いて細切りにする。

3 共通の材料を準備し、Aを加えて和え、1、2を和えて混ぜてなじませる。

準備　切り干し大根はよくほぐし、軽く洗って絞り、ボウルに入れてりんごジュースと醤油を加えてもどす。途中混ぜて全体を浸す。

りんごジュースでもどして絞らず、残った汁も調味料として使います。

秋――春菊ときくらげをプラス

材料（作りやすい量）

共通の材料…全量
春菊…3株
黒きくらげ（水でもどす）…2枚
米酢…小さじ1/2
ごま油…小さじ1
醤油…適量
いりごま（白）…少量

1　黒きくらげはせん切りにし、さっとゆでる。

2　春菊は色よくゆでて醤油絞り（↓P.34）をし、3cm長さに切る。

3　共通の材料を準備し、米酢を加えて和え、1、2を加えて混ぜ、ごま油、醤油で味をととのえる。器に盛っていりごまをふる。

冬――白菜と柚子をプラス

材料（作りやすい量）

共通の材料…全量
白菜…1〜2枚
柚子（皮と果汁）…1/2個分
油揚げ*…1/2枚
A　生姜（薄切り）…2枚
　　醤油…小さじ1
醤油…適量
*湯通しをして細切りにする。

1　白菜はさっとゆでて水気を軽く絞り、細切りにする。柚子は皮をせん切りにし、果汁は搾る。

2　鍋に油揚げ、A、水100mlとともに入れて中火にかけ、水分を飛ばすように煮つめる。

3　共通の材料を準備し、1、2を加えて和え、醤油で味をととのえる。

季節と体をつなぐ旬おかず

春と夏

立春を境に空気が穏やかになり、体も少しずつ春の準備がはじまります。代謝がよくなり、体内の余計なものを排出する「毒出し」の季節。体の巡りをよくするには苦みや香りのあるものを。新玉ねぎ、クレソン、菜の花、グリーンピース、せり、三つ葉、セロリなどがおすすめです。環境が変わるほか、ストレスがたまりやすい時期なので、新緑の中を散歩するなどゆったり過ごしましょう。春の終わりから夏は日差しが強くなり乾燥するので、新鮮な野菜やフルーツで水分補給してください。気持ちのよい初夏が過ぎると梅雨がやってきます。湿度が高いと汗が蒸発しにくく、体がだるくなりがち。春キャベツ、新じゃがいも、とうもろこしなどの湿を取る野菜をとりましょう。消化機能が落ちるので冷たいもの、脂っこいもの、甘いものはほどほどに。真夏は一年のうちで心身ともに元気な季節です。汗をたくさんかいて新陳代謝を高め、

老廃物の排出を促せば秋以降、
体調をくずしにくくなります。
汗で失った水分を補うには
きゅうり、トマト、ピーマンなどを。
体の熱を冷ますにはなす、ゴーヤを。
クーラーの冷えが気になるときは
生姜、長ねぎ、青じそで冷えすぎを防ぎます。

新じゃがのポテトサラダ

ゆでたアマランサスに梅酢をからめてきれいな薄桃色に。
色とプチプチとした食感がたらこのようで、タラモサラダ風です。

材料（2人分）

新じゃがいも（一口大に切る）…3個分
玉ねぎ（粗みじん切り）…1/3個分
グリーンアスパラガス…2本
アマランサス…30g
梅酢…大さじ1
A にんにく（すりおろす）…小さじ1/2
塩…小さじ1/3
オリーブ油…大さじ1
塩…適量
黒こしょう…少量

1 アマランサスはさっと洗い、鍋に多めの湯と塩ひとつまみを入れて約15分ゆでる。ざるに上げて水気をきり、ボウルに移して玉ねぎを加え、梅酢をからめる。

2 グリーンアスパラガスは根元の固い部分をピーラーでむいてゆで、3㎝長さの斜め切りにする。

3 鍋にじゃがいも、水少量、塩ひとつまみを入れて蓋をし、蒸し煮にする。柔らかくなったら蓋を取り、鍋をゆすりながら水分を飛ばし、温かいうちにAを加えて軽く混ぜる。

4 1を加えて軽く和え、塩で味をととのえる。2を加えて軽く和え、器に盛って黒こしょうをふる。

おいしさのひみつ

にんにくは少量でもコクが出て、さらに味全体にふくらみをもたせます。

新じゃがのゆかり味噌和え

赤じそのふりかけが白味噌のまろやかさを引き締め、新じゃがのみずみずしい甘みを引き立てます。

つけたしレシピ
お使いの白味噌が甘めの場合は、お好みで米あめなしでもおいしくできます。

材料（2人分）

新じゃがいも…約200g
A 白味噌…大さじ2
　米あめ…大さじ1と1/2
　赤じそのふりかけ（ゆかり）…大さじ1
塩…適量
ごま油（太白）…小さじ1

1 新じゃがいもは一口大に切って水少量とともに鍋に入れ、塩ひとつまみをふって蓋をし、中火にかけて蒸し煮にする。柔らかくなったら蓋を取って余分な水分を飛ばす。

2 Aは合わせて混ぜる。1が柔らかくなったら、温かいうちにごま油を加えて軽く混ぜ、Aを加えて混ぜて味をなじませる。味をみて赤じそのふりかけや塩で味をととのえる。

新じゃがの山椒炒め

きんぴら風にシャキシャキとした食感にし、
じゃがいもの甘みと粉山椒の風味を楽しみます。

材料（2人分）

新じゃがいも…2個
塩…適量
粉山椒…小さじ1/3
ごま油（太白）…大さじ1

1　新じゃがいもは約3mm角の細切りにし、水にさらしてざるに上げ、水気をきる。

2　フライパンにごま油を熱し、1を入れ中火で炒める。しんなりしたら塩で味をととのえ、粉山椒をふって和える。

⊙つけたしレシピ
じゃがいもは水にさらさず、さっとゆでてもいいですよ。

春キャベツと厚揚げの甘酢あん

野菜のやさしい甘みが溶け込んだ甘酢あんを、
香ばしく焼いた厚揚げにとろり。
黒こしょうでキリリと引き締め、小ねぎで爽やかに仕上げました。

1 キャベツは一口大に切り、玉ねぎは薄切りにする。厚揚げは熱湯をかけて油抜きをして一口大に切る。フライパンにごま油を熱し、すべての面をこんがりと焼く。

2 鍋にAを入れ、1のキャベツ、玉ねぎを順に重ね入れてだし汁をひたひたに加え、塩ひとつまみをふる。蓋をして弱火にかけて火が通るまで蒸し煮にする。

3 残りのだし汁、Bを加えて中火にしてふつふつと沸き始めたら、葛粉を水大さじ1で溶いて回し入れ、混ぜてとろみをつける。
＊沸いたら弱火にして混ぜながら1〜2分火にかけると、とろみが安定する。

4 器に1の厚揚げ、3のあんを盛り、黒こしょうをふって小ねぎを散らす。

材料（2人分）

キャベツ…2枚
玉ねぎ…1/2個
厚揚げ…2/3枚
A 生姜（みじん切り）…小さじ1
　にんにく（みじん切り）…小さじ1/2
だし汁…180ml
B 醤油…大さじ1/2
　みりん…小さじ1
　米酢…小さじ1/2
葛粉…大さじ2
黒こしょう…少量
塩…適量
ごま油（太白）…小さじ1
小ねぎ（小口切り）…適量

おいしさのひみつ

春キャベツや新玉ねぎは甘みが強いので、みりんは控えめにして素材の味を際立たせます。

レタスとまいたけの白和え

巻きのゆるい春のレタスの、柔らかでシャキシャキとした食感を生かして白和えに。いりごまは軽く煎ると風味が増します。

準備　和え衣の豆腐は熱湯で10分ゆで、ペーパータオルを敷いたざるに上げ、重石をして水切りする。

1　レタスはさっとゆでて一口大に切る。まいたけは小房に分ける。

2　フライパンにごま油、まいたけを入れて弱火でじっくり水分を飛ばすように焼き、醤油をふってからませる。

3　すり鉢にいりごまを入れて軽くすり、豆腐を入れてなめらかにする。塩、米あめを加えてよくすり合わせ、1のレタス、2を加えて和え、塩で味をととのえる。

材料（2人分）

レタス…3～4枚（約60g）
まいたけ…100g
醤油…少量
和え衣
　豆腐（木綿）…150g
　塩…小さじ1/3
　米あめ…小さじ1と1/2
　いりごま（白）…小さじ2
塩…適量
ごま油（太白）…小さじ1

おいしさのひみつ
香ばしく焼いたまいたけに醤油を少したらすと香ばしく、白和えのコクやまろやかさが際立ちます。

かぶのハーブ炒め

白いかぶにパセリの緑が鮮やかなひと皿です。春のかぶはみずみずしく、歯ごたえを残してシンプルに焼くと美味。パセリを合わせると香りがふわっと立ち、かぶのやさしい味わいを引き立てます。

材料（2人分）

かぶ…2個
パセリ（みじん切り）…小さじ2
塩…適量
オリーブ油…小さじ1

1 かぶは小ぶりなら縦半分に、大きければ4〜6等分に切る。

2 フライパンにオリーブ油を熱し、1を弱めの中火で焼く。食感が残る程度に焼けたら、塩とパセリをふって全体に混ぜる。

つけたしレシピ

かぶが固ければ、途中で蓋をして少し蒸し煮にしてください。パセリのほかにバジルやタイム、フェンネル、ディルなどでも。

かぶのソテー ひじき和え

炒めてコクをプラスしたかぶを、
ひじき炒めで味つけしたシンプルおかずです。

おいしさのひみつ

かぶと玉ねぎの異なる甘みが一体となり、複雑な味わいに。ひじき炒めはすぐにできるので、その都度作っても。

材料（2人分）

かぶ…2個
玉ねぎ…1/2個
ひじき炒め（→p.38）…大さじ3
塩…適量
オリーブ油…小さじ1

1 かぶは6〜8等分の一口大に切る。玉ねぎは薄切りにする。

2 フライパンにオリーブ油を熱し、1のかぶを食感が少し残る程度に中火で焼いて取り出す。玉ねぎと塩ひとつまみを加えてしんなりするまで炒め、火を止める。

3 ひじき炒め、2のかぶを加えて和え、塩で味をととのえる。

スナップえんどうのえごま和え

手作りなめたけの旨みと、えごまの風味や香ばしさでいつもの野菜が新しい味に。

材料（2人分）

スナップえんどう…12本（約70g）
にんじん…30g
なめたけ（→p.39）*…大さじ1強
えごま…小さじ1と1/2
梅酢…小さじ1/2
塩…適量
*市販のものでも可。

1 スナップえんどうは筋を取って色よくゆでる。にんじんは短冊切りにし、食感が残る程度にゆでる。えごまはフライパンで煎り、すり鉢でよくする。

2 ボウルに1のスナップえんどう、にんじん、なめたけ、梅酢を入れて和える。塩で味をととのえてえごまを加えてさっと混ぜる。

つけたしレシピ
スナップえんどうやにんじんのほか、れんこん、オクラ、長いも、キャベツでもおいしくできます。

スナップえんどう・そら豆・グリーンアスパラガス

緑の白和え

ぽってり濃厚で食べ応えのある和え衣を混ぜずに、ディップのように添え、春野菜の緑色を目でも楽しみます。

準備　豆腐は約10分ゆでてクッキングペーパーを敷いたざるに上げ、重石をして水切りする。

1　スナップえんどうは筋を取り、そら豆はさやから出す。グリーンアスパラガスは根元の固い部分をピーラーでむく。それぞれ色よくゆでて水気をきり、そら豆は皮をむく。野菜が平らに浸せる容器にAを合わせて混ぜ、すべて浸す。

2　すり鉢に豆腐を入れてなめらかになるまでよくすり、練りごまを加えてさらにすり混ぜてなじませる。Bを加えて混ぜ、味をみて淡口醤油や塩で味をととのえる。

3　1の汁気をきって器に盛り、2を添える。

材料（2人分）

スナップえんどう…5本
そら豆…3さや分
グリーンアスパラガス…2本

A だし汁…180ml
塩…ふたつまみ
淡口醤油…小さじ2

和え衣
豆腐（木綿）…150g
練りごま（白）…小さじ1
B 淡口醤油…小さじ1/2〜
米あめ…小さじ2
塩…ひとつまみ〜

おいしさのひみつ

混ぜてなじんだ白和えもおいしいのですが、和えないことで味のメリハリがつき、野菜それぞれの風味が際立って、春らしいみずみずしさが感じられます。

季節と体をつなぐ
旬おかず
春と夏

おいしさのひみつ
わかめにしっかり下味をつけることが大切。あとはさっと合わせるだけでそれぞれの香りや食感が生きます。

クレソンのナムル

ナムルはビビンパにするならそれぞれ作って盛りますが、おかずにするなら2種の野菜を合わせると飽きずに食べられます。

材料（2人分）

クレソン…10株（約60g）
わかめ（塩蔵）…20g
いりごま（白）…小さじ2
A　醤油…小さじ1
　　米酢…小さじ1
　　生姜の絞り汁…小さじ1/2
ごま油…少量

1　クレソンは色よくゆでて約4cm長さに切る。わかめは洗って水気を絞り、一口大に切る。いりごまはフライパンで軽く煎る。

2　ボウルにAを入れて混ぜ、1のわかめを加えて和える。クレソン、ごま油を加え、いりごまを指でつぶしながら加えて混ぜる。

三つ葉ときのこのおひたし

きのこの旨みを含んだ浸し汁で、
季節の野菜がおいしいおひたしに。

1 えのきたけは石づきを切り落とし、根元をさいて長さを3等分する。しめじも石づきを切り落としてほぐす。油揚げは湯通しして縦半分に切り、5mm幅に切る。三つ葉は色よくゆでて水気を軽く絞り、4cm長さに切る。

2 鍋に1のえのきたけ、しめじ、だし汁50ml、塩ひとつまみを入れ、蓋をして弱火で蒸し煮にする。きのこがしんなりとしたら残りのだし汁を入れてひと煮立ちさせ、醤油、塩ひとつまみを加えて混ぜる。

3 2の鍋に1の三つ葉、油揚げを加えて全体をやさしく和え、味をみて醤油、塩で味をととのえる。

材料（2人分）

三つ葉…1束（約50g）
えのきたけ…30g
しめじ…100g
油揚げ…1枚
だし汁…180ml
醤油…小さじ1/2〜
塩…適量

⊙つけたしレシピ

三つ葉の代わりに春だけのお楽しみ「せり」もおすすめ。

たけのこの中華蒸し

穫れたてゆでたてのたけのこが手に入ったらあっさり蒸し煮に。八角と生姜だけで中華風に仕上がります。

材料（2人分）

ゆでたけのこ…約300g
生しいたけ…4枚
長ねぎ…1本

A 八角…1個
　生姜（薄切り）…3枚
　塩…ひとつまみ

B だし汁…約180ml
　醤油…小さじ2
　柚子の搾り汁…1/4個分

C ごま油（太白）…少量
　黒こしょう…少量

塩…適量
糸唐辛子（あれば）…適量
黒こしょう…少量

1 ゆでたけのこは一口大に、生しいたけは半分に、長ねぎは3cm長さに切る。

2 鍋に1の生しいたけ、長ねぎ、たけのこを順に重ね入れ、Bのだし汁をひたひたに注ぎ入れてAを加え、蓋をして弱火にかけて蒸し煮にする。

3 しんなりとしたらBを加え、軽く混ぜて約5分煮る。味がなじんだらCを加え、塩で味をととのえる。器に盛り、糸唐辛子を添えて黒こしょうをふる。

おいしさのひみつ

生姜は薄切りにしてほんのり風味づけ程度にします。

たけのこ

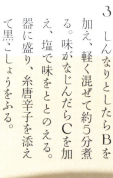

わらびのきんぴら

わらびをあっさり味のきんぴらに。こんにゃくと一緒なら食感の違いも楽しめます。

材料（2人分）

わらび（下処理したもの）…120g
こんにゃく…$1/2$枚
塩…ひとつまみ
ごま油（太白）…大さじ1と$1/2$
A だし汁…300ml
　醤油…大さじ1〜

1　わらびは3cm長さに切る。こんにゃくは塩もみし、ゆでて短冊切りにする。鍋にこんにゃくを入れ、から煎りして水分を飛ばし、表面が乾いてきたら取り出す。

2　1の鍋にごま油を熱してわらびを中火で炒める。油がなじんだらこんにゃくを加えてさっと炒め合わせ、Aを加えてひと煮立ちさせ、火を止めて冷ます。

わらびの下処理

材料（作りやすい量）

わらび…約200g
湯…約1ℓ
重曹*…6〜8g
*水に対して1%以内の量。

1　わらびが浸かる大きさのバットか保存容器を準備する。鍋に湯を沸かして重曹を混ぜ溶かす。

2　わらびは洗って1の容器に入れ、湯を注ぎ入れる。全体が湯に浸かるように皿などで落とし蓋をしてひと晩おき、流水で洗う。

菜の花とひじきのサラダ仕立て

ひじき炒めが菜の花のほろ苦さと玉ねぎの辛み、甘夏の酸味をやさしくつなぎ、春らしい味わいに。

材料（2人分）

菜の花…1束（約200g）
玉ねぎ…1/4個
甘夏…1/2個
ひじき炒め（→p.38）…大さじ1
梅酢…小さじ1/2
オリーブ油…大さじ1

1 菜の花は固い部分を切り落とし、色よくゆでて醤油絞り（→p.34）をし、4cm長さに切る。玉ねぎは薄切りにする。甘夏は薄皮をむく。すべてボウルに入れる。

2 ひじき炒め、梅酢を加えて和え、オリーブ油を回しかけて軽く和える。

おいしさのひみつ

柑橘と梅酢の2種の酸味で味に奥行きが出ます。ひじき炒めはすぐに作れるのでその都度作っても。

菜の花とにんじんの麻の実和え

ナッツらしい旨みやコクもある麻の実が、いつもと違う野菜の魅力を引き出します。

材料（2人分）

菜の花…3/4束（約150g）
にんじん…30g
しめじ…100g
麻の実…大さじ1
醤油…適量
塩…適量

1　菜の花は固い部分を切り落とし、色よくゆでて醤油絞り（↓p.34）をし、4cm長さに切る。にんじんは細切りにする。しめじは石づきを切り落としてほぐす。麻の実はフライパンで香りが立つまでから煎りする。

2　鍋に1のしめじ、にんじんを順に重ね入れ、水大さじ1、塩ひとつまみを入れて弱火にかけ、蓋をして蒸し煮にする。柔らかくなったら醤油小さじ1／2を加えてひと煮立ちさせる。

3　2の汁気を軽くきってボウルに入れ、1の菜の花、麻の実を加えて和える。塩、醤油で味をととのえる。

ふきの
下ゆでと保存

材料（作りやすい量）

ふき…約300g
塩…適量

1　ふきはフライパンに入る長さに切り、塩をふって板ずりする。フライパンにたっぷりの湯を沸かし、塩がついたままゆで、曲がるくらい柔らかくなったものから冷水に取る。

2　太いほうから皮をむき、反対側からも同様に皮と筋をむく。使わない分は水に浸しておく。

＊毎日水を替えて3〜4日ほどもつ。

ふきの煮物

薄味に仕上げて、
ふきらしい青々とした風味を楽しみます。

材料（4人分）

ふき（下ゆでしたもの）＊
…280g

A　だし汁…600ml
淡口醤油…大さじ$1\frac{1}{3}$
みりん…大さじ2
塩…小さじ$\frac{1}{2}$

＊半量はふきご飯に使用する。

1　ふきは約4cm長さに切る。

2　鍋にAを入れてふつふつと沸いたら、1を加えて約3分煮る。火を止めて味を含ませる。

＊煮汁は取っておく。

ふきご飯

ふきの煮汁と油揚げで炊き込み、煮たふきを刻んで混ぜるだけのシンプル春ご飯。

材料（2人分）

ふきの煮物（右）…約140g
油揚げ…1枚
生姜（せん切り）…1かけ分
ふきの煮汁…適量
梅酢…小さじ1
米…2合

1 米は洗って約30分浸水させてざるに上げる。ふきは1cm長さに切る。油揚げは湯通しをし、縦半分に切って短冊切りにする。

2 炊飯器に1の米を入れてふきの煮汁、梅酢を入れて水を目盛りまで加え、油揚げ、生姜を散らし炊く。

＊土鍋で炊く場合はふきの煮汁と水を合わせて400ml使用。

3 炊き上がったら1のふきを加えて全体にさっくりと混ぜ合わせる。

おいしさのひみつ

生姜の爽やかな香りと油揚げのコクで、箸がすすみます。

蒸しなす

ふっくら柔らかく蒸し上げたなすは、口の中でとろりとくずれ、それぞれの風味が広がります。

なすの蒸し方

なすはヘタを切り落とし、蒸気の上がった蒸し器に入れて5〜8分（大きさによって調整）蒸す。串がすっと入ったら火を止め、蓋をしたまま約2分蒸らし、手で触れるようになるまで冷ます。

蒸し器がなくても、深めのフライパンや鍋にざるを置いて蒸すことができます。

おいしさのひみつ

なすは丸のまま蒸すことでふっくらと仕上がるだけでなく、旨みもしっかり残ります。

ごまよごし

材料（2人分）

なす…3本
いりごま（黒）…大さじ2
淡口醤油…小さじ2〜
塩…少量

1 なすは上記の要領で蒸し、長さを2〜3等分して棒状に切る。

2 小鍋にいりごまを入れ、焦げないように鍋をゆすりながら煎る。香りが立ったら、すり鉢でやさしくする。
*強くすると油が出て酸化しやすくなる。

3 淡口醤油を加えてなじませ、1を加えて和える。淡口醤油、塩で味をととのえる。
*なすの水分が多いと味がぼやけるので最後に調整する。

棒棒鶏風たれ

材料（2人分）

なす…2本
きゅうり（細切り）…1/2本分
糸唐辛子…適量

棒棒鶏風たれ
　長ねぎ（みじん切り）…約3cm分
　生姜（すりおろし）…小さじ1/2
　米酢…小さじ2
　A 練りごま（白）…小さじ2
　　米あめ*…小さじ2
　　醤油…大さじ1/2

*てんさい糖小さじ1で代用可。

1 なすは上記の要領で蒸し、たれがからみやすいように手で縦にさく。

2 ボウルにAを入れてよく混ぜ、生姜、米酢を加えてさらに混ぜてなじんだら長ねぎを加えて混ぜる。

3 器に1、きゅうりを盛って2をかけ、糸唐辛子を添える。

なすのそぼろ炒め

大豆ミートと高野豆腐でそぼろあんを作り、干ししいたけの旨みで奥深い味わいに。

材料（2人分）

なす…3本
ごま油…大さじ1

そぼろあん
- 大豆ミート（ミンチタイプ）…20g
- 高野豆腐…1枚
- 干ししいたけ…3枚
- A 生姜（みじん切り）…小さじ2
  - にんにく（みじん切り）…小さじ1
  - 長ねぎ（みじん切り）…約10cm分
- B だし汁…200ml
  - 醤油…大さじ2
  - 黒酢…小さじ1
  - みりん…小さじ2
- 葛粉…大さじ2と$\frac{1}{2}$
- ごま油…大さじ1

花山椒…少量
大葉（せん切り）…2枚分

準備　大豆ミート、高野豆腐はぬるま湯に浸してもどし、高野豆腐はみじん切りにする。干ししいたけはBのだし汁に浸してもどし、みじん切りにする。

1　なすは乱切りにし、フライパンにごま油を熱して中火で焼く。こんがり焼けたら取り出す。

2　1のフライパンにそぼろあんのごま油を熱し、Aを炒め、香りが立ったら干ししいたけを加えて炒める。Bを加えてひと煮立ちさせ、大豆ミート、高野豆腐を加えて混ぜる。

3　味がなじんだら、葛粉を水大さじ2で溶いて回し入れ、よく混ぜてとろみをつける。1を加えてそぼろあんをからませ、花山椒を加えて混ぜ、器に盛って大葉をのせる。

おいしさのひみつ
大豆ミートを混ぜると食感がよいうえにからみやすく、コクも出るのでおすすめ。

かぼちゃの梅煮

梅干しと味噌で淡く味つけしたやさしい煮物です。玉ねぎやしめじと蒸し煮にすることで、奥深い旨みが生まれます。

材料（2人分）

かぼちゃ…400g
玉ねぎ…1個
しめじ…50g
梅干し…1個
味噌…小さじ1
塩…適量

1 かぼちゃは一口大に切る。玉ねぎは1cm厚さのくし形切りに、しめじは石づきを切り落としてほぐす。梅干しは種を除いて粗く刻む。

2 鍋に1のしめじ、玉ねぎ、かぼちゃを順に重ね入れ、約1cm深さの水を加える。塩ひとつまみをふって梅干しをのせ、蓋をして弱めの中火にかける。蒸気が上がったら弱火にし、柔らかくなるまで煮る。

＊途中水分がなくなったら水少量を加える。

3 玉ねぎの甘い香りが立ち、かぼちゃに串がすっと入ったら火を止め、味噌を加えて軽く混ぜ合わせる。再び弱火にかけてひと煮立ちさせ、塩で味をととのえる。

つけたしレシピ
梅干しも味噌も塩分はさまざまなので、味をみて塩で調整してください。

ピーマンと大豆ミートのドライカレー風

ちょっと材料が多いけど、食欲がわく大満足の夏ご飯に。使い勝手のよいスパイスを準備しておくと味に奥行きが出ます。

準備　大豆ミートと高野豆腐はぬるま湯に浸してもどし、水気をよく絞る。高野豆腐は粗みじん切りにする。

1　ピーマン、なすは1.5cm角に切り、玉ねぎ、にんじん、きのこは粗みじん切りにする。

2　フライパンにAを入れて中火にかけ、香りが立ったらピーマン以外の1、塩ひとつまみを加えて炒める。しんなりしたら、大豆ミートと高野豆腐を加えて全体を炒め合わせる。

3　塩小さじ1／2、Bを加えてときどき混ぜて水分を飛ばしながら煮る。醤油を加えて混ぜ、塩、黒こしょうで味をととのえる。1のピーマンを加えて全体に混ぜ、ご飯とともに器に盛る。

つけたしレシピ

ピーマンの代わりに味と彩りのアクセントになる野菜、例えば甘長唐辛子やゴーヤでもおいしく作れます。

材料（2人分）

ピーマン…3個
なす…1個
大豆ミート（ミンチタイプ）…20g
高野豆腐…1枚
玉ねぎ…1/2個
にんじん…1/4本
きのこ（まいたけなど）…50g

A オリーブ油…大さじ1
生姜（みじん切り）…小さじ2
にんにく（みじん切り）…小さじ1
クミンシード…小さじ1

B ガラムマサラ（またはカレー粉）…大さじ1
ナツメグパウダー…小さじ1/2
トマトピューレ…大さじ3
水…100ml

醤油…小さじ2〜
塩、黒こしょう…各適量
ご飯…適量

丸ごとピーマンの煮浸し

わたも種もそのままで、香ばしく焼いて浸し地に浸しただけですが、酢を少し加えてさっぱりと夏らしい仕上がりに。醤油味を濃くしすぎず、ピーマンのほろ苦さを楽しみます。

1　ピーマンは丸のまま手で押さえてやさしくつぶす（写真）。ボウルにAを入れて混ぜる。

2　フライパンにごま油を入れて中火にかけて熱し、1のピーマンを焼く。全面に焼き色がついたらAを回し入れ、蓋をしてしんなりするまで煮る。

3　器に盛ってみょうがを添える。

材料（2人分）

ピーマン…大4個
ごま油（太白）…大さじ1
A　だし汁…大さじ5
　みりん…大さじ1と1/2
　淡口醤油…大さじ1
　米酢…大さじ1/2
みょうが（小口切り）…1/2個分

上から軽く押さえることで破裂を防ぎ、中まで味がしみます。

おいしさのひみつ

ピーマンは種やわたも旨みの素。「一物全体」という考え方のもと、すべておいしくいただきます。

きゅうりと春雨のサラダ

夏にうれしいさっぱりサラダに、あぶった油揚げをプラスして食べ応えのある一品に仕上げました。

材料（2人分）

きゅうり（せん切り）…1/2本分
春雨（乾燥）…40g
きくらげ（乾燥）…4枚
紫玉ねぎ（薄切り）…1/3個分
油揚げ…1枚
ドレッシング（合わせて混ぜる）
　白味噌…大さじ1/2
　梅干し…1個
　梅酢…小さじ1
　米あめ…大さじ1
ごま油…適量
大葉（せん切り）…2〜3枚分

1　きくらげは水に浸してもどし、せん切りにしてさっとゆでる。春雨は表示通りにゆでてざるに上げ、さっと流水で洗う。

2　油揚げは網で両面をこんがり焼いて細切りにする。

3　ボウルに1の春雨を入れてごま油をひとまわしかけて和え、ドレッシングを加えて和える。2、きくらげ、きゅうり、紫玉ねぎを加えて和える。梅酢や醤油（各分量外）で味をととのえ、器に盛って大葉を添える。

おいしさのひみつ

油揚げはあぶって香ばしさを出すと格段においしくなります。フライパンやオーブントースターでも。

大豆ミートのから揚げ トマトだれ

あつあつの大豆ミートに冷やしたトマトだれをかけます。かけたての軽やかな味わいも、よくしみた味わいも美味。

準備　大豆ミートはぬるま湯に浸してもどし、軽く洗ってよく絞る。Aを合わせて大豆ミートに含ませる。

1　トマトだれの材料を合わせて冷蔵庫で冷やす。

2　揚げ油を高温に熱する。大豆ミートに片栗粉をはたき、カリッと揚げ、油をきって器に盛る。1をかけてかいわれ大根を添える。

材料（2人分）

大豆ミート（かたまり）…10個

A　生姜（すりおろす）…小さじ1
　醤油…小さじ1
　だし汁（または水）…大さじ6

片栗粉…適量

揚げ油…適量

トマトだれ
　トマト（角切り）…2個分
　長ねぎ（みじん切り）…1/4本分
　生姜（みじん切り）…小さじ1
　醤油…大さじ1と1/2
　てんさい糖…小さじ1
　酢…小さじ1
　だし汁…大さじ2
　ごま油…少量

かいわれ大根…少量

おいしさのひみつ

たれに浸してジューシーにすることで大豆ミートのクセが和らぎ、食べやすい仕上がりに。

ゴーヤの佃煮

パリパリとしたピクルスのような食感でありながら、
ご飯に合うしっかりとした味つけです。

材料（2人分）

ゴーヤ…1本
醤油…大さじ1と1/2
てんさい糖…大さじ1と1/2
みりん…大さじ3
米酢…大さじ1
赤唐辛子（小口切り）…少量

1　ゴーヤは縦半分に切ってわたと種を取り除き、約7㎜厚さに切る。さっとゆでてざるに上げ、水気をきる。

2　鍋にゴーヤ以外の材料を入れて中火にかける。煮立ったら1を加えてひと煮立ちさせ、そのまま冷ます。

ゴーヤと玉ねぎのごま酢和え

ゴーヤに玉ねぎの辛みと酢の酸味が加わって苦みがやわらぎ、さっぱりとした仕上がりです。

材料（2人分）

ゴーヤ…1/2本
紫玉ねぎ…1/4個
切り干し大根（乾燥）…15g
A 梅酢…小さじ1
　米酢…小さじ1
　淡口醤油…小さじ1/2
いりごま（白）…大さじ1

準備　切り干し大根はさっと洗って少量の水でもどし、水気を絞って食べやすく切る。いりごまはから煎りしてすり鉢でする。

1　ゴーヤは縦半分に切って種とわたを取り除き、薄切りにしてさっとゆでる。紫玉ねぎは繊維に沿って薄切りにし、バットに広げて空気にさらす。

2　ボウルにAを合わせて混ぜ、切り干し大根を加えて和える。なじんだら、1とすったごまを順に加えてその都度和える。

おいしさのひみつ
ゴーヤのクセと切り干し大根の甘みが引き立て合います。

ズッキーニの麻の実和え

ズッキーニを薄切りにし、シャキシャキとした食感を楽しむ食べ方です。香ばしい麻の実でコクとほのかな甘みをプラス。

おいしさのひみつ

塩もみして余分な水分を除くと、クセのない素直な味わいが生きます。

材料（2人分）

ズッキーニ（緑、黄色）…各1/2本
麻の実…大さじ1
塩…適量
オリーブ油…ひとまわし

1 ズッキーニは約2mm厚さの輪切りにし、塩ひとつまみをふって軽くもみ、しんなりとしたら軽く絞る。麻の実はフライパンで軽くから煎りする。

2 ボウルに1、オリーブ油を加えて和え、塩で味をととのえる。

ズッキーニと油揚げの甘味噌和え

ズッキーニを味噌味で楽しむ和え物。
味噌に甘酒を加え、柔らかな甘さに仕上げます。

1 油揚げは表面を軽く焼いて縦半分、1.5cm幅に切る。さやいんげんはゆでて2～3等分する。

2 いりごまはフライパンで軽く煎る。ズッキーニは4cm長さに切って縦6等分にする。フライパンにごま油を熱し、軽く焼いて塩をふる。

3 ボウルに甘味噌の材料を合わせて混ぜ、1、2を加えて和える。

材料（2人分）

ズッキーニ…1本
さやいんげん…5本
油揚げ…1枚
甘味噌
　甘酒（ストレート）…大さじ2
　味噌…大さじ1/2
　醤油…大さじ1
　米酢…小さじ1と1/2
　生姜の絞り汁…小さじ1
　いりごま（白）…大さじ3
塩…ひとつまみ
ごま油（太白）…少量

おいしさのひみつ

ズッキーニは歯ごたえを残す程度にソテーし、みずみずしさを生かします。

夏野菜の焼き浸し

彩り豊かな夏野菜をじっくり焼いて甘みを引き出し、あっさりとした浸し地に浸けました。

材料（2人分）

かぼちゃ…3cm厚さ
モロッコいんげん…6本
ししとう…6本
ズッキーニ（緑、黄色）…各1/2本
パプリカ…1個
オクラ…6本
塩…ひとつまみ
オリーブ油…大さじ1

浸し地
だし汁…600ml
淡口醤油…大さじ3
塩…小さじ1/2
てんさい糖…ふたつまみ程度

1 かぼちゃは5mm厚さに切る。モロッコいんげんは筋を取る。ししとうは楊枝などで数か所穴を開ける。ズッキーニは1.5cm厚さに切る。パプリカは4〜6等分にする。オクラはがくをむいて塩をふって軽く板ずりし、色よくゆでる。

2 鍋に浸し地の材料をすべて入れ、中火にかける。ひと煮立ちさせたら野菜が浸る容器に移す。

3 フライパンにオリーブ油を熱し、オクラ以外の1をそれぞれじっくり焼き、オクラとともに2に浸け、1時間ほどおいて味をなじませる。

つけたしレシピ
好みで冷やしても美味。また翌日までおくと、より味がなじんで異なるおいしさになります。

枝豆そうめん

枝豆の爽やかなコクに豆乳のまろやかさが加わった、夏にぴったりな麺です。

材料（1人分）

そうめん*…1束
枝豆（さや付き）…約200g
だし汁…200ml
豆乳…150ml
塩…適量
ごま油…少量
黒こしょう…少量

*養生園ではなめらかで口当たりのよい葛粉入りそうめんを使用。手に入るそうめんで。

1 枝豆はゆで、さやから出して半分は粗く刻む。

2 ボウルに残りの枝豆、豆乳、だし汁を入れ、ブレンダーでなめらかにする。鍋に入れて混ぜながら火にかけ、ふつふつと沸いたら火を止める。塩で味をととのえる。

3 そうめんは表示通りにゆで、冷水に取って洗い、水気をきって器に入れる。2をかけて1をのせ、ごま油を回しかけて黒こしょうをふる。

つけたしレシピ

豆乳はぐらぐら沸かすと分離するので、ご注意ください。

そうめんの梅だし

梅干しのほのかな風味が心地よいシンプルなめんつゆに、夏らしい薬味を準備してどうぞ。

⊙つけたしレシピ
梅干しの塩分によって醤油の量は加減してください。

材料（1人分）

そうめん*…1束

梅だし
だし汁…250ml
梅干し…1個
醤油（あれば淡口）…小さじ2〜

付け合わせ
オクラ、モロヘイヤ、トマト（角切り）、大葉（せん切り）、生姜のすりおろし…各適量

*養生園ではなめらかで口当たりのよい葛粉入りそうめんを使用。手に入るそうめんで。

1 梅干しは指で軽くつぶし、だし汁とともに鍋に入れて火にかけ、ふつふつと沸いたら弱火にして約3分煮る。粗熱が取れたら醤油を加えて冷やす。

2 オクラはゆでて小口切りにする。モロヘイヤは葉を摘み、ゆでてざく切りにする。

3 そうめんは表示通りにゆで、冷水に取って洗い、水気をきる。それぞれ器に盛る。

季節と体をつなぐ

旬おかず

秋と冬

朝晩に肌寒さを覚えたら、秋到来の準備をしましょう。空気が乾燥しはじめると、夏に必要以上にとった「体を冷やすもの」「水分」の排出がはじまります。この時期から呼吸器系のトラブルが増えるので、れんこん、白菜、里いも、長いも、梨などで体をうるおしましょう。

涼しくなると新陳代謝が落ちるので温かいものを食べ、軽い運動を。

体を温めるにはにんじん、かぶ、切り干し大根、長ねぎ、生姜、葛などがおすすめ。感染症が流行りはじめる冬に備えて免疫力を高めましょう。ごぼう、きのこ、大根、かぼちゃ、ブロッコリー、発酵食品をとるといいですよ。

冬は春に備えてエネルギーを蓄える時期。この時期に無理をすると春に毒出しをすることが難しくなるので、早寝・遅起きを心がけ、過度なダイエットもお休みしましょう。寒さで体が縮こまって緊張状態になりがちです。日中は軽い散歩やストレッチをして体をゆるめ、ゆったり過ごしましょう。リラックスを助けるのはキャベツ、小松菜、りんごなど。引き続き温かいもの、免疫力を高めるものもとってください。

里いものそぼろあん

シンプルに煮た里いもに、野菜の甘みや大豆ミートの食感やコクで奥行きのある味に仕上げたそぼろあんをとろりとかけました。

材料（2人分）

里いも…小6個
だし汁…250ml
醤油…小さじ2
みりん…大さじ1
塩…適量

そぼろあん
大豆ミート（ミンチタイプ）…30g
干ししいたけ…2枚
まいたけ…1/2パック
玉ねぎ…1/4個
生姜…小さじ2
塩…ひとつまみ
A 醤油…大さじ1
てんさい糖…小さじ1
味噌…小さじ1
干ししいたけのもどし汁*…150ml
ごま油（太白）…小さじ1
葛粉…大さじ1
小ねぎ（小口切り）…適量
*足りなければ水を足す。

準備　干ししいたけは水に浸してもどす（もどし汁も使う）。大豆ミートは表示通りにもどして絞る。

1　里いもは皮をむき、塩ひとつまみをからめて約30分おき、流水で洗って一口大に切る。干ししいたけ、まいたけ、玉ねぎ、生姜はみじん切りにする。

2　鍋に1の里いも、だし汁、みりん、塩ひとつまみを入れ、弱めの中火にかけて柔らかく煮る。醤油を加えて約5分、弱火で煮含める。

3　フライパンにごま油、1の生姜を入れて中火にかけて炒め、香りが立ったら玉ねぎ、塩を加えて炒める。油が回ったら干ししいたけ、まいたけを加えて炒め、しんなりとしたらAを加えてひと煮立ちさせる。

4　大豆ミートを加えて混ぜ、2〜3分煮る。葛粉を水大さじ1で溶き、回し入れて混ぜ、とろみをつける。2の里いもを温めて器に盛り、そぼろあんをかけて小ねぎを散らす。

おいしさのひみつ

里いもと相性のよい味噌を、そぼろあんに少し加えるとコクが出るだけでなく風味豊かになります。

里いものから揚げみたらしあん

蒸した里いもをからりと揚げ、
甘辛いみたらしだれをからめたシンプルおかず。

1　里いもは皮に切り目を入れて蒸す。竹串がすっと入ったら皮をむく。大きいものは食べやすく切る。

2　鍋にみたらしだれの材料を入れてひと煮立ちさせる。

3　揚げ油を高温に熱する。里いもに片栗粉を薄くはたき、表面がカリッとするまで揚げる。油をきってすぐに2に加え、とろみがつくまでやさしく混ぜる。

材料（2人分）

里いも…小8個
片栗粉…適量
みたらしだれ
　だし汁…大さじ4
　みりん…小さじ1と1/2
　醤油…大さじ1強
揚げ油…適量

つけたしレシピ

たれにとろみをつけなくても、里いもが熱いうちにたれにからめると「みたらしあん」になります。

ごぼうとかぼちゃの豆乳マヨ和え

ごぼうの風味とかぼちゃの甘みが噛むほどに混ざり、思いがけないおいしさに。まろやかな豆乳マヨが味をまとめます。

1 ごぼうとかぼちゃは約3mm角の棒状に切る(写真)。鍋に湯を沸かしてごぼうをさっとゆで、湯を捨てずにごぼうをざるに上げて水気をきる。温かいうちにボウルに入れて梅酢を加えて和える。

2 1の湯でかぼちゃを食感が残る程度にゆで、ざるに広げて冷ます。

3 別のボウルに豆乳のマヨネーズ風、1を加えて和え、塩で味をととのえる。2を加えて軽く和え、器に盛って七味唐辛子をふる。

かぼちゃは皮の緑の部分が残るように、くし形に切ってから細切りにすると、部位に偏りが出ず、彩りもきれい。

つけたしレシピ
かぼちゃはくずれないように、最後に軽く和えて仕上げます。

材料（2人分）

ごぼう…70g
かぼちゃ…80g
梅酢…少量
豆乳のマヨネーズ風（→P.39）
…大さじ1と$^1/_2$
塩…適量
七味唐辛子…適量

ごぼうの梅煮

蒸し煮にして甘みを引き出したごぼうが、
ほんのり梅風味でやさしい味に。

つけたしレシピ
梅干しの塩分量によって味が薄い場合は、醤油で味をととのえてください。

材料（2人分）

ごぼう（太めのもの）…1本
梅酢…小さじ1/2
A 梅干し（つぶす）…1個
　だし汁…200ml
　醤油…小さじ1/2
ごま油（太白）…小さじ1

1　ごぼうは4cm長さに切り、2〜4等分にする。鍋にごま油を入れて熱し、ごぼうを入れて弱めの中火で軽く炒める。油がなじんだら梅酢、水大さじ2を加えて蓋をし、ごく弱火で蒸し煮にする。

2　柔らかくなったらAを加えて約5分煮る。そのまま冷まして味を含ませる。

きのこのマリネ

旨みの豊富なきのこをさっぱりとしたマリネに。パンドカンパーニュなど素朴なパンによく合います。

材料（2人分）

きのこ（しいたけ、しめじ、エリンギなど）…約200g

A レモン汁…1/8個分
白ワインビネガー…小さじ1/2
ハーブミックス…適量
ローリエ…1枚

塩…適量
黒こしょう…少量
オリーブ油…適量
パン（好みで）…適量

1 きのこは石づきを切り落とす。しいたけは十字に切り、しめじはほぐし、エリンギは長さを2〜3等分して太めに切る。

2 鍋に湯を沸かし、オリーブ油をひとまわし、塩ひとつまみを入れる。1をそれぞれさっとゆで、ざるに上げて水気をきる。ボウルに移して温かいうちに塩ひとつまみ、黒こしょう、オリーブ油大さじ1／2、Aを加えて混ぜ、約1時間おいて味をなじませ、パンとともに器に盛る。

つけたしレシピ

きのこは火を通すとやせてしまうので、少し大きめにころっとさせて切ります。

きのこのそばサラダ

養生園でよく作る季節野菜のそばサラダ。秋はきのこをいろいろ入れて楽しみます。クレソンの代わりにルッコラなどでも。

準備　きくらげは水でもどす。きくらげは細く切ってさっとゆでる。ごまドレッシングの材料は合わせて混ぜる。

1　きのこは石づきがあれば切り落としてほぐす。にんじんはせん切りにして塩少量をふってなじませ、しばらくおいて水気を絞る。クレソンは3cm長さに切る。

2　オーブンを200度に予熱する。1のきのこを天板にのせ、オリーブ油をからめ、オーブンで約10分焼き、醤油をからめる。

3　そばは表示通りにゆでて水に取ってさっと洗い、ざるに上げて水気をきってボウルに移す。1のきくらげとごまドレッシングを加えて混ぜて味をなじませる。きのこ、にんじん、クレソンを加えて混ぜる。塩で味をととのえ、器に盛ってレモンを添える。

材料（2人分）

きのこ（まいたけ、しめじなど）…100g
にんじん…70g
きくらげ（乾燥）…3枚
クレソン…2〜3本
そば（乾燥）…50g
醤油…小さじ1
塩…適量

ごまドレッシング
- 練りごま（白）…大さじ2
- 米酢…小さじ2
- 梅酢…小さじ1
- オリーブ油…大さじ2
- 醤油…小さじ2
- てんさい糖…大さじ1

オリーブ油…ひとまわし
レモン（適宜切る）…適量

おいしさのひみつ
きのこはオーブンで焼いて旨みを凝縮させてから醤油をからめ、味にメリハリをつけます。

れんこんとひじきのサラダ くるみドレッシング

食感のよいれんこんとりんごを組み合わせ、コクのあるくるみドレッシングでメリハリを楽しみます。

材料（2人分）

れんこん…1節（約160g）
りんご…1/2個
水菜…2本
ひじき炒め（→P.38）
…大さじ1強
くるみ…20g
梅酢…適量

くるみドレッシング
くるみ…40g
米酢…大さじ1
オリーブ油…大さじ1
メープルシロップ（はちみつでも可）…小さじ1と1/2
塩…ひとつまみ

準備　くるみはですべて予熱なしで150度のオーブンで10分から焼きにし、粗熱が取れたら粗く刻む。

1　れんこんは2mm厚さのいちょう切りにする。りんごは皮ごとくし形切りにして種と芯を除き、薄切りにし、梅酢少量を加えた水にさっと浸けて水気をきる。水菜は2cm長さに切る。

2　鍋に1のれんこんを入れて水大さじ3、梅酢少量を加えて蓋をし、弱火にかけて火が通るまで蒸し煮にし、冷ます。くるみドレッシングの材料はブレンダーでなめらかにくだく。

3　ボウルに1のりんご、2を入れて和え、ひじき炒め、水菜、くるみを加えて軽く和える。

⊙つけたしレシピ

りんごは変色を防ぐために梅酢入りの水にくぐらせます。ひじき炒めはその都度作ってもそんなに手間はかかりません。

れんこんボール

つなぎの粉類を入れずに、生地はすべてれんこんを使用し、表面はカリッ、中はふわふわ。生姜と長ねぎの風味が食欲をそそります。

材料（8個分）

れんこん…330g
干ししいたけ…3枚
生姜（みじん切り）…小さじ1
長ねぎ（みじん切り）…5cm分
醤油…少量
塩…適量
ごま油（太白）…少量
揚げ油…適量
粉山椒…適量

準備　干ししいたけは水に浸してもどす。

1　れんこんは1／4を粗みじん切りにし、残りはすりおろして軽く水気をきる。干ししいたけはみじん切りにする。

2　フライパンにごま油、生姜を入れて中火にかけ、香りが立ったられんこんの粗みじん切り、干ししいたけ、長ねぎ、塩ひとつまみを加えて炒める。

3　鍋に1のすりおろしたれんこんを入れて弱めの中火にかけ、練って粘りが出てもちっとしたら、2を加えて混ぜ、塩小さじ1／3、醤油で味をととのえる。

4　揚げ油を中温に熱し、3を8等分にして丸めて揚げる。浮いてくるまで約7～8分くっつかないように途中転がしながら揚げ、こんがり色づいたら油をきり、器に盛って粉山椒をふる。

おいしさのひみつ

れんこんのすりおろしは、木べらで練るとふんわり仕上がるだけでなく、つなぎにもなります。

水分を飛ばして粘りが出るまで練るように火を入れる。

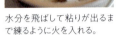

白菜のくるくる巻き

シャキシャキとした食感と、野菜の甘みを含んだ水分が口の中でジュワッと広がり、飽きのこないおいしさです。

材料（2人分）

白菜…4〜6枚
小松菜…4株
にんじん…小1本
油揚げ…1枚
塩…少量
A 生姜（薄切り）…3枚
醤油…大さじ1/2
だし汁…100ml

1 白菜は歯ごたえが残る程度に蒸して芯の部分をそぎ切りにする（写真a）。にんじんは7mm角の棒状に切り、塩をふって蒸す。小松菜はゆでてざるに上げ醤油絞り（↓p.34）をする。
＊蒸さずにゆでてもよい。

2 油揚げは湯通しして水気を絞り、縦半分に切って細切りにする。鍋にAとともに入れて中火にかけ、煮汁が少し残る程度まで煮つめる。

3 巻きすに1の白菜の半量を芯側が左右交互になるようにずらしながら並べ、にんじん、小松菜、2の油揚げを各半量ずつ芯になるように並べる（写真b）。手前から巻き、同様にもう1本作る。端を切り落として6〜8等分する。

小さい白菜なら3枚、大きければ2枚が目安。

芯の部分は厚みが均一になるようにそぎ切りにする。

⊙つけたしレシピ

そのままでもおいしいのですが、ねり梅と米あめ（煮きりみりんやはちみつでも可）を好みの加減で混ぜた梅だれをつけても美味。

白菜と油揚げの粕煮

酒粕のやさしい風味と白味噌のこっくりとした甘さで、寒い季節の心と体がホッとします。

材料（2人分）

白菜…2～3枚
ひらたけ…100g
油揚げ…1と1/2枚
A だし汁…250ml
　白味噌…大さじ1
　酒粕…小さじ2
塩…ひとつまみ
七味唐辛子…適量

1 白菜は芯をそぎ切りにし、葉とともに一口大に切る。ひらたけは適宜ほぐす。油揚げは湯通しして油抜きをし、大きめの一口大に切る。

2 鍋に1のひらたけ、白菜の順に重ね入れて塩、Aのだし汁から大さじ3を加えて蓋をし、弱火にかけて蒸し煮にする。

3 しんなりしたらAを加えて混ぜる。1の油揚げを加えてひと煮立ちさせ、火を止めて味を含ませる。器に盛って七味唐辛子をふる。

おいしさのひみつ

酒粕と白味噌は相性がよく、お互いのよさを引き出し、深い味わいを生みます。

白菜ときのこの蒸し煮 ハーブ風味

蒸し煮にした白菜の甘みやきのこの旨みに、ハーブが軽やかに香ります。

材料（2人分）

白菜…2〜3枚
エリンギ…1本
ひらたけ…100g
A にんにく（つぶす）…小1片分
ローリエ…1枚
オリーブ油…小さじ2
ハーブミックス…ふたつまみ
塩…適量

1 白菜は芯をそぎ切りにし、葉とともに一口大に切る。エリンギは長さを2〜3等分にして薄切りにする。ひらたけはほぐす。

2 鍋に1のエリンギ、ひらたけ、白菜の順に重ね入れ、A、塩ひとつまみ、水大さじ2を加える。蓋をして弱火にかけ、蒸し煮にする。しんなりしたら塩、ハーブミックスで味をととのえる。

⊙つけたしレシピ
乾燥ハーブは一緒に蒸し煮にするより、最後に加えるほうが香りよく仕上がります。

梨ときのこのサラダ

みずみずしい梨と、醤油をからめたきのことの相性のよさにびっくり。梨の甘みと酸味も調味料の一部です。

1　梨は小さめの一口大に切る。まいたけは小房にほぐす。生しいたけは5㎜厚さに切る。水菜とルッコラは3㎝長さに切る。大きなボウルにドレッシングの材料を合わせて混ぜる。

2　オーブンを200度に予熱する。1のまいたけ、生しいたけにオリーブ油をかけ、オーブンで約10分焼き、醤油をからませる。

3　1のドレッシングに梨を入れて混ぜ、なじんだら2、水菜、ルッコラを加えて全体に和える。

材料（2人分）

梨…1/2個
まいたけ…100g
生しいたけ…2個
水菜、ルッコラ…合わせてひとつかみ
醤油…小さじ1
オリーブ油…適量

ドレッシング
　オリーブ油…大さじ2
　メープルシロップ（はちみつでも可）…小さじ1/2
　塩…小さじ1/2
　白ワインビネガー…大さじ1
　生姜の絞り汁…小さじ1

⊙つけたしレシピ
きのこはグリルやオーブントースターで焼いても。その際低温でじっくり火を通してください。

柿と春菊の白和え

柿の田楽味噌をヒントに、白味噌との相性のよさを生かして白和えに。柿の濃厚な甘みと果物ならではのフレッシュ感が楽しめるおかずです。

材料（2人分）

柿…1個
春菊…8株（約150g）

和え衣
- 豆腐（木綿）…150g
- いりごま（白）…大さじ2
- 白味噌…20g〜
- 塩…ひとつまみ

1 柿は皮をむいて種を取り、拍子木切りにする。春菊はさっとゆでて醤油絞り（↓p.34）をし、約2cm長さに切る。豆腐は約10分ゆで、ざるにペーパータオルを敷いてのせ、水切りする。いりごまはフライパンでから煎りする。

2 1のいりごまをトッピング用に少し取り置いてすり鉢に入れ、よくする。豆腐をくずし入れてなめらかにする。白味噌、塩を加えて混ぜる。

3 1の柿、春菊を加えて和え、器に盛って取り置いたいりごまをふる。

つけたしレシピ
ごまの代わりにから煎りしたくるみもおすすめです。ひじき炒め（↓p.38）を混ぜても美味。

青菜とれんこんのなめたけ和え

蒸し煮にして粘りを出したれんこんを青菜と和えました。手作りなめたけは万能調味料です。

材料（2人分）

小松菜…3〜5株（約150g）
れんこん…70g
梅酢…少量
なめたけ（→p.39）…大さじ1弱
醤油…適量
塩…適量

つけたしレシピ

れんこんは梅酢で下味をつけると、白く仕上がります。蒸し汁が多く残ったら、そのまま和えずにボウルに移してください。

1 小松菜はさっとゆで、ざるに上げて冷まし、醤油絞り（↓p.34）をして食べやすい長さに切る。れんこんは1mm厚さのいちょう切りにする。

2 鍋に1のれんこんと梅酢、水大さじ3を入れ、蓋をして蒸し煮にする。火が通ったら粗熱を取り、小松菜となめたけを加えて和え、醤油、塩で味をととのえる。

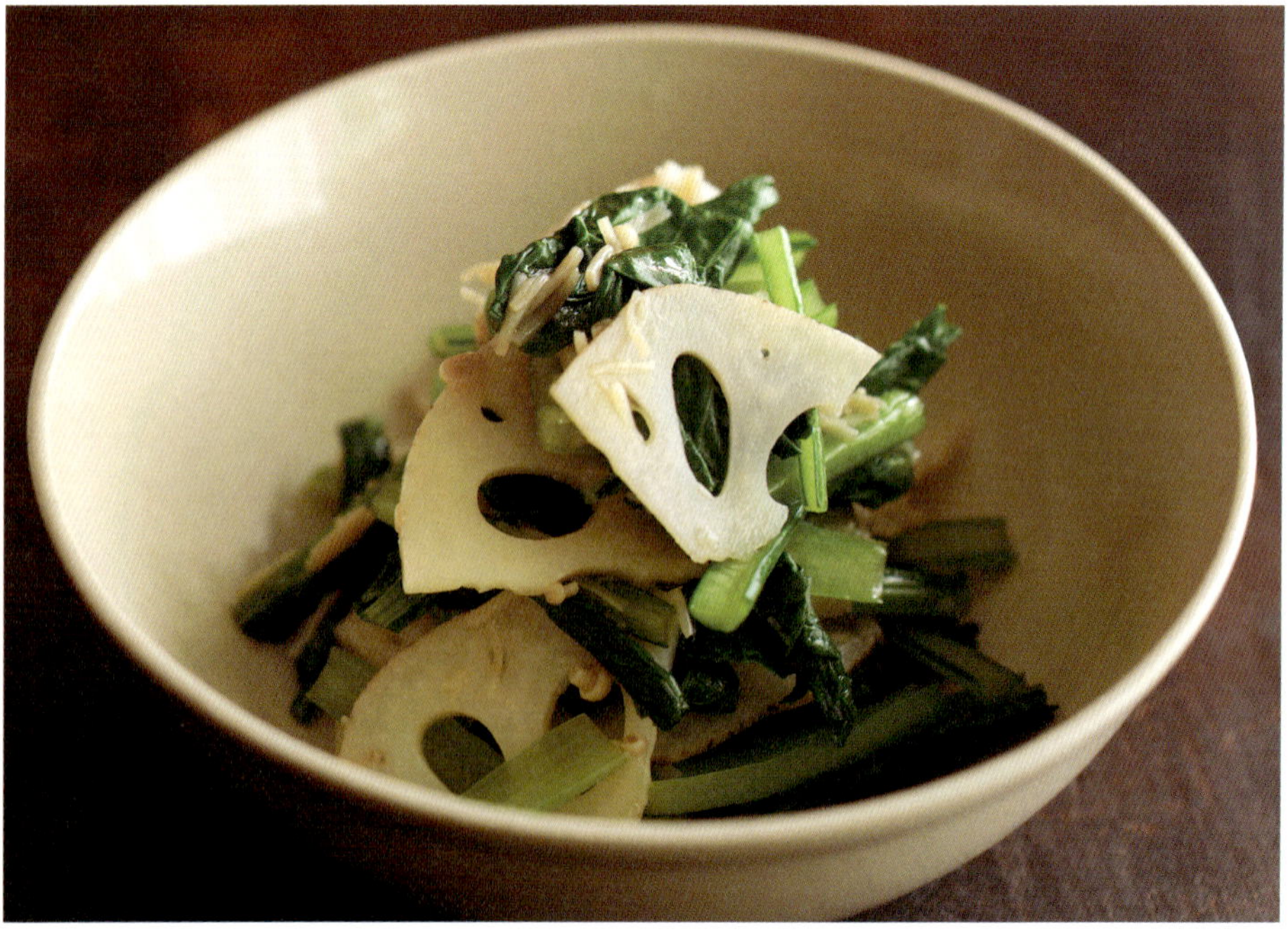

かぶのえごま和え

葉付きのかぶが手に入ったら丸ごと使って和え物に。えごま独特の香ばしさでアクセントをつけて。

⊙つけたしレシピ
かぶの葉の代わりに小松菜やほうれん草などでも。

材料（2人分）

かぶの葉…1個分
かぶ…2個
えごま*…小さじ2
A　塩…ふたつまみ
　醤油…小さじ1/2
　ごま油（太白）…小さじ1/2
塩、醤油…各適量
*から煎りしてすり鉢でよくする。

1 かぶは6〜8等分のくし形切りにする。塩ひとつまみをふり、歯ごたえが残る程度に蒸して粗熱を取る。

2 かぶの葉はさっとゆでてざるに上げ、水気をきって醤油絞り（↓p.34）をして食べやすく切る。

3 ボウルに1、2、A、えごまを入れて和え、塩や醤油で味をととのえる。

カリフラワーの南蛮漬け

りんごジュースで甘みをつけたさっぱりとした南蛮漬け。
カリフラワーと車麩で食べ応えもしっかりあります。

準備　車麩は表示通りにもどしてよく絞る。

1　カリフラワーは一口大の小房に切って固めにゆでる。

2　揚げ油を高温に熱し、車麩を揚げ、表面がカリッとしたら油をきる。少し冷めたら6等分し、1とともにバットか保存容器に入れて玉ねぎをのせる。

3　鍋に南蛮漬けの浸し地の材料を入れてひと煮立ちさせ、2に注ぎ入れる。約2時間漬けて味をなじませる。

材料（2人分）

カリフラワー…1/4個
玉ねぎ（薄切り）…1/3個
車麩…2個
揚げ油…適量

南蛮漬けの浸し地
　だし汁…100ml
　りんごジュース（100%のもの）…200ml
　米酢…大さじ3
　淡口醤油…大さじ4
　赤唐辛子（小口切り）…少量

つけたしレシピ

グルテンを避けているかたは、車麩の代わりに厚揚げをカリッと焼いてください。漬け込み時間は2時間～ひと晩が目安です。

カリフラワーのスパイスグリル

コリコリと歯ごたえを残したカリフラワーに、
スパイスオイルをからめて焼くだけのシンプルレシピです。

1 カリフラワーは大きめの小房に切ってボウルに入れる。

2 小鍋にオリーブ油、クミンシード、コリアンダーシードを入れて弱火にかけて炒め、香りが立ったら火を止めてガラムマサラを加え、塩とともに1にからめる。

3 オーブンを180度に予熱する。天板にオーブンシートを敷き、2を広げのせて約15分、軽く焼き色がつくまで焼く。

材料（2人分）

カリフラワー…200g

スパイスオイル

- ガラムマサラ…小さじ1
- クミンシード…小さじ1
- コリアンダーシード…小さじ1/2
- オリーブ油…大さじ3
- 塩…ふたつまみ

おいしさのひみつ

クミンとコリアンダーを軽く炒めることで、少量の油でも香りが移って全体に風味がつきます。

ふろふき大根

皮をむかず下ゆでもしないことで、大根本来のおいしさを生かした仕上がりに。

材料（4人分）

大根…15〜20cm
だし汁…500ml
塩…ひとつまみ
淡口醤油…大さじ1

柚子味噌
　白味噌…50g
　米あめ…大さじ6
　柚子の皮（すりおろし）…1/2個分
　柚子の搾り汁…小さじ1

柚子の皮（せん切り）…少量

1　大根は皮をむかずに3〜4cm厚さの輪切りにし、鍋にだし汁と塩を入れて中火にかける。煮立ったら弱火にして柔らかくなるまでじっくり煮る。箸ですっと切れるくらいの柔らかさになったら、淡口醤油を加えて約5分煮る。

2　小鍋に白味噌と米あめを入れて弱火にかけ、へらで混ぜる。艶が出たら柚子の皮、柚子の搾り汁を加えてよく混ぜる。

3　器に1を盛り、2をのせ柚子の皮を添える。

＊残りは煮汁に浸して保存する。

揚げ出し大根

ふろふき大根を多めに作って翌日のお楽しみに。揚げると、コクがプラスされて格別なおいしさです。

材料（2〜3人分）

ふろふき大根（右）…3個
片栗粉…適量
天つゆ
　ふろふき大根の煮汁…200ml
　みりん…大さじ1と$1/2$
　醤油…大さじ1と$1/2$
揚げ油…適量
生姜（すりおろし）…適量
小ねぎ（小口切り）…適量

1　小鍋に天つゆの材料を入れて温める。

2　揚げ油を中温に熱する。ふろふき大根の汁気をきり、片栗粉を薄くまぶして表面がカリッとするまで揚げ、油をきる。
＊途中上下を返すときは油はねに注意。

3　2を器に盛り、生姜、小ねぎをのせて、1を張る。

⊙つけたしレシピ
ふろふき大根は温かいと焦げやすいので、冷めた状態で揚げてください。

焼き大根とブロッコリーのマリネ

焼き目をつけた大根がほんのり香ばしく、生姜をきかせた味噌ドレッシングがよくなじみます。

材料（2人分）

- 大根…300g
- ブロッコリー…1/4個
- ラディッシュ（薄切り）…1個分
- オリーブ油…小さじ1

味噌ドレッシング

- 米酢…大さじ2
- 味噌…大さじ1
- 米あめ…大さじ1
- 生姜（すりおろし）…大さじ2
- 塩…小さじ1/2
- オリーブ油…大さじ1と1/2

1 大根は1.5cm厚さのいちょう切りにし、火が通るまで蒸す。ブロッコリーは小房に分けてゆでる。

2 ボウルに味噌ドレッシングの材料を入れて混ぜる。フライパンにオリーブ油を熱し、1の大根を表面に焼き色がつくまで焼き、温かいうちにボウルに加えて和える。

3 1のブロッコリーを加えて軽く混ぜ、器に盛ってラディッシュを散らす。

つけたしレシピ

大根は蒸したほうがみずみずしさが保てますが、蒸さずに焼く場合は弱火で火が通るまで焼きます。

焼きねぎの柑橘マリネ

ゆっくり火を通して甘みを最大限に引き出し、爽やかな柚子の風味を含ませました。

材料（2人分）

長ねぎ…2本
塩…ひとつまみ
柚子の搾り汁…1/2個分
だし汁…大さじ3
米酢…小さじ1/2

1 長ねぎは4cm長さに切り、焼き網にのせて弱火で、焼き目をつけながらじっくり焼く。

2 小鍋に移し、残りの材料を加えて火にかけ、ひと煮立ちさせたらそのまま冷まして味を含ませる。

おいしさのひみつ
寒さで甘みが増した長ねぎは網で焼くと、とろりとした旨み、焼き目の香ばしさ、酸味のバランスが絶妙です。

季節と体をつなぐ
旬おかず
秋と冬

長いもの竜田揚げ

長いもならではのサクサク感とホクホク感の両方が味わえます。冷めても美味。

材料（2人分）

長いも…15〜20cm
生姜（すりおろし）…小さじ1
醤油…小さじ2
片栗粉…適量
揚げ油…適量

1 長いもは皮をむいて一口大の乱切りにし、固めに蒸す。ボウルに生姜と醤油を入れて混ぜ、長いもを浸けて30分おく。

2 揚げ油を中温に熱する。1の汁気をきって片栗粉をまぶし、からりと揚げる。

つけたしレシピ

蒸さずに揚げる場合は、生姜醤油に1時間ほど浸け、弱火でじっくりと揚げてください。少し食感は変わりますがおいしいです。

長いもときのこの煮物

ほのかに酸味をきかせたあっさりとした煮物。きのこの粘り気で全体がまとまります。

1 長いもは皮をむいて3㎝長さの拍子木切りにする。しめじは石づきを切り落としてほぐし、エリンギは長さを2〜3等分して厚めの短冊切りにする。

2 鍋に1のしめじとエリンギ、塩、水大さじ2を入れて蓋をし、弱火にかける。しんなりとしたら長いもを重ね入れて火が通るまで煮る。

3 Aを加えて全体を軽く混ぜ、ひと煮立ちしたら火を止めて冷ます。

材料（2人分）

長いも…300g
きのこ（しめじ、エリンギなど）…150g
塩…ひとつまみ
A 米酢…大さじ1と1/2
淡口醤油…小さじ1/2
生姜の絞り汁…小さじ1
塩…小さじ1/2

根菜のきんぴら

蒸し煮にして根菜の甘みを引き出し、
アクセントとなる相性のよい種子で和えます。

にんじんのきんぴら

材料（2人分）

にんじん（せん切り）…100g
塩…適量
麻の実…小さじ2

1 鍋ににんじん、塩ひとつまみを入れて混ぜ合わせてそのままおく。麻の実はフライパンで煎る。

2 1のにんじんがしんなりして水分が出たら、蓋をして弱火にかける。火が通ったら塩で味をととのえ、麻の実を加えて和える。

ごぼうのきんぴら

材料（2人分）

ごぼう（せん切り）…100g
梅酢…小さじ1
いりごま（白）…小さじ2
ごま油（太白）…小さじ1

1 鍋にごま油を熱し、ごぼうを炒める。油が回ったら水大さじ2、梅酢を加えて蓋をし、弱火で蒸し煮にする。いりごまはフライパンで煎ってする。

2 土臭さがなくなり、甘い香りが立ったら火を止め、いりごまを加えて和える。

れんこんのきんぴら

材料（2人分）

れんこん（2mm厚さのいちょう切り）…80g
梅酢…適量
えごま…小さじ1

1 えごまはフライパンで煎ってすり鉢でする。

2 鍋にれんこん、水大さじ1、梅酢小さじ1／2を入れて蓋をし、弱火にかける。火が通ったら梅酢で味をととのえ、1を加えて和える。

つけたしレシピ

3種とも蒸し煮しているときに水分がなくなって焦げそうになったら、水を少量加えてください。

季節と体をつなぐ旬おかず 秋と冬

根菜のビネガー煮

秋冬の根菜をシンプルに蒸し煮にしました。酸味の角が取れたやさしい味です。

1 大根、にんじんは一口大の乱切りに、さつまいもは1cm厚さの半月切りに、玉ねぎは7mm幅に、セロリは1cm角に、エリンギは一口大に切る。にんにくはつぶす。

2 鍋にオリーブ油を熱し、1のにんにくを入れて香りが立ったら玉ねぎ、エリンギ、塩ふたつまみを入れて中火で炒める。しんなりしたらセロリ、大根、にんじんを加えて炒め合わせ、全体に油が回ったらローリエを加えて蓋をし、約5分蒸し煮にする。

3 さつまいもを加えてさらに煮て、野菜が柔らかくなったらAを加えて全体を混ぜ合わせ、約5分煮る。塩で味をととのえ、冷まして味を含ませる。

材料（2人分）

大根…1/3本
にんじん…1/2本
さつまいも…1/2本
玉ねぎ…1個
セロリ…1本
エリンギ…2本
にんにく…1片
ローリエ…1枚

A りんご酢…大さじ1と1/2
白ワインビネガー…大さじ1と1/2

塩…適量
オリーブ油…大さじ3

おいしさのひみつ

玉ねぎ、セロリ、エリンギの旨みに、2種類の酢で味に深みを出しています。

季節と体をつなぐ
旬おかず
秋と冬

根菜の甘酢あん

揚げた根菜に、玉ねぎの甘みが際立つあんをからめました。味、食感、彩りのよい一品です。

1　さつまいも、にんじんは一口大の乱切りに、れんこんは1cm厚さのいちょう切りに、玉ねぎは5mm幅に切る。

2　鍋に1の玉ねぎを入れ、だし汁をひたひたに注ぎ、塩を加えて蓋をし、弱火にかけて蒸し煮にする。しんなりしたら残りのだし汁、Aを加えてひと煮立ちさせ、葛粉を水大さじ1で溶いて加え、混ぜてとろみをつける。

3　揚げ油を中温に熱し、1のさつまいも、にんじん、れんこんをそれぞれじっくりと揚げる。油をきって軽く塩をふって器に盛り、2を温めてかける。

材料（2人分）

さつまいも…1/3本
にんじん…1/4本
れんこん…5cm

甘酢あん
　玉ねぎ…1/2個
　だし汁…200ml
　A　醤油…大さじ1と1/3
　　みりん…大さじ1と1/3
　　酢…小さじ2
　葛粉…大さじ1
　塩…ひとつまみ

塩…適量
揚げ油…適量

⊙つけたしレシピ

ごぼう、里いも、長いもなどでもおいしくできます。揚げたほうが根菜の甘みが引き立ちますが、油をからめてグリルでじっくり焼いても作れます。

きのことビーフンの酸《サン》辣《ラー》湯《タン》風

おだやかな酸味と辛みで、ビーフンにさらりとからむあっさり麺です。

おいしさのひみつ

きのこの粘りを生かし、薄葛仕立てでやさしい口当たりにしています。

材料（1人分）

生しいたけ…2枚
えのきたけ…50g
きくらげ（乾燥）…2枚
長ねぎ…7cm
生姜（みじん切り）…小さじ1
だし汁…400ml
塩…適量
A 醤油…大さじ1
　黒酢…小さじ1
葛粉…大さじ1
玄米ビーフン…1玉

トッピング
ごま油、黒こしょう、小ねぎ（斜め切り）…各少量

準備　きくらげは水に浸してもどす。玄米ビーフンは表示通りにもどす。

1　生しいたけは軸を切り落として薄切りに、えのきたけは石づきを切り落として根元をさき、長さを4等分する。きくらげは石づきを切り落として細切りにする。長ねぎは斜め薄切りにする。

2　鍋に生姜、1のきのこ類、長ねぎの順に重ねてだし汁をひたひたに注ぎ入れる。塩ひとつまみをふって蓋をし、弱火で蒸し煮にする。しんなりしたら残りのだし汁を入れて中火にし、A、塩で味をととのえる。

3　葛粉を水大さじ1で溶いて加え、混ぜながらとろみをつける。玄米ビーフンを加えて温め、器に盛ってトッピングをする。

おいしさのひみつ
数種の野菜をじっくり蒸し煮にすることで旨みたっぷりのあんに。生姜でキリッと引き締めます。

五目あんかけうどん

とろみをつけた冷めにくい野菜あんで最後まで温かいままおいしく食べられます。

材料（1人分）

玉ねぎ…1/3個
長ねぎ…1/4本
にんじん…1/4本
生しいたけ…2枚
白菜…1枚
にんにく（みじん切り）…小さじ1/2
だし汁…450ml
醤油…適量
塩…適量
葛粉…大さじ1と1/2
うどん…1束
生姜（すりおろし）…少量

1 生しいたけは軸を切り落として薄切りにする。白菜の芯は繊維に沿って細切りに、葉は一口大に切る。玉ねぎは薄切りに、長ねぎは斜め薄切りに、にんじんは短冊切りにする。

2 鍋ににんにく、1を順に重ね入れ、だし汁をひたひたに注ぐ。塩小さじ1／3をふって蓋をし、弱火にかけて蒸し煮にする。火が通ったら残りのだし汁、醤油大さじ1と1／2を加え、塩、醤油で味をととのえる。

3 葛粉を水大さじ1で溶いて加え、混ぜながらとろみをつける。うどんは表示通りにゆでて器に盛り、あんをかけて生姜を添える。

おかずを多めに作って詰めるだけのお弁当

夜ごはんを作るだけで精いっぱい、
お弁当を作る余裕がない、
というかたも多いと思います。
でもおかずを多めに作った翌日に
ご飯にのせるだけ、
混ぜるだけなら意外と簡単。
お昼が楽しみになります。

ビビンパ風弁当

ご飯の上にキャロットラペ（↓p.52）、なすのそぼろ炒め（↓p.82）のそぼろ、クレソンのナムル（↓p.72）をのせ、かぶの甘酢漬けを添えたお弁当。かぶの甘酢漬けは薄切りにしたかぶを塩もみして30分おき、甘酢（酢とてんさい糖3：1に塩ひとつまみ）に漬けたもの。おかずは1種でも2種でもいいですし、お漬物は手作りしなくても。

おかずをのっけるだけで完成！

おにぎりとスープ弁当

ご飯にひじき炒め（↓P.38）を混ぜてにぎり、3日分の甘い野菜のスープ（↓P.6）をスープジャーに入れただけで、心と体にうれしいランチに。ひじき炒めのほかゴーヤの佃煮（↓P.90）を刻んだものもおすすめです。

3日分の甘い野菜のスープと一緒に

即席汁物

沸いた湯が使える状況なら、マグカップなどで簡単汁物はいかがですか？温かい汁物があるとホッとします。

あったらうれしい！

梅干し中1個、乾燥カットわかめ約小さじ1、とろろ昆布約大さじ1を持って行くだけ。

梅干しは塩気が出やすいようにちぎり入れ、残りも入れて熱湯180~200mlを注ぎます。お好みで湯の量は調整してください。

鈴木 愛

１９８０年生まれ、東京都出身。映画やＣＭなどの衣装の仕事を経て食の世界へ。都内自然食レストランや、和食店で調理を学ぶ。２０１０年から安曇野に移住し、ホリスティックリトリート穂高養生園に勤務。自然に根ざした野菜の調理法を学び、季節をベースとした食と体の結びつきを深く意識する。生きる力が伸びるような食を、という思いを持って「冬草」の名で活動をはじめる。東京・表参道にて不定期で「ととのえるスープの日」を開催。

冬草 https://www.instagram.com/fuyukusa.ai/

撮影
西山 航（世界文化ホールディングス）

デザイン
芝 晶子（文京図案室）

手書き文字
鈴木 愛

スタイリング
竹内万貴

取材・原稿・構成
井伊左千穂

校正
株式会社円水社

編集部
能勢亜希子

スペシャルサンクス
宮 明凜

撮影協力
ホリスティックリトリート穂高養生園
https://yojoen.com
omotesando atelier
https://omotesando-atelier.com

無理せず作れる一汁一菜で
心と体をととのえる 玄米菜食ごはん

発行日
２０２５年３月２０日　初版第１刷発行

著者
鈴木 愛

発行者
竹間 勉

発行
株式会社ワンダーウェルネス

発行・発売
株式会社世界文化社
〒１０２-８１９４
東京都千代田区九段北４-２-２９
電話 ０３-３２６２-３９１３（編集部）
電話 ０３-３２６２-５１１５（販売部）

印刷・製本
株式会社リーブルテック

ＤＴＰ制作
株式会社明昌堂

ISBN 978-4-418-25305-0

本の内容に関するお問い合わせは、以下の問い合わせフォームにお寄せください。
https://x.gd/ydsUz